二十世纪
名人自述
/系列/

夏丏尊自述

夏丏尊 著　文明国 编

时代出版传媒股份有限公司
安徽文艺出版社

图书在版编目（CIP）数据

夏丏尊自述/夏丏尊著；文明国编.—合肥：安徽文艺
出版社，2013.12
　　（二十世纪名人自述系列）
　　ISBN 978-7-5396-4810-1

Ⅰ.①夏… Ⅱ.①夏… ②文… Ⅲ.①夏丏尊（1886～1946）
—自传 Ⅳ.①K825.6

中国版本图书馆CIP数据核字(2013)第298345号

出 版 人：朱寒冬　　　责任编辑：宋潇婧　李　芳
特约编辑：韩美玲　　　封面设计：汪要军

- -

出版发行　时代出版传媒股份有限公司　www.press-mart.com
　　　　　安徽文艺出版社　　www.awpub.com
地　　址：合肥市翡翠路1118号　邮政编码：230071
营 销 部：(0551)63533889
印　　制：北京鑫瑞兴印刷有限公司 （010）69826058

- -

开本：710×1000 1/16　　印张：13　　字数：150千字
版次：2014年3月第1版　　2014年3月第1次印刷
定价：26.00元

- -

目 录

第一编 自 述

第二编　人物与交游

第三编　序、跋与评论

第四编 见解与主张

夏丏尊

自述

第一编

自　述

猫

白马湖新居落成，把家眷迁回故乡的后数日，妹就携了四岁的外甥女，由二十里外的夫家雇船来访。自从母亲死后，兄弟们各依了职业迁居外方，故居初则赁与别家，继则因兄弟间种种关系，不得不把先人有过辛苦历史的高大屋宇售让给附近的暴发户，于是兄弟们回故乡的机会就少，而妹也已有六七年无归宁的处所了。这次相见，彼此既快乐又酸辛。小孩之中竟有未曾见过姑母的，外甥女也当然不认得舅妗和表姐，虽经大人指导勉强称呼，总是呆呆地相觑着。

新居在一个学校附近，背山临水，地位清静，只不过平屋四间。论其构造，连老屋的厨房还比不上，妹妹却极口表示满意：

"虽比不上老屋，总究是自己的房子。我家在本地已有许多年没有房子了！自从老屋卖去以后，我多少被人瞧不起！每次乘船行过老屋的面前，真是……"

妻见妹说得眼圈有点红了，就忙用话岔开：

"妹妹你看，我老了许多了吧？你却总是这样后生。"

"三姐倒不老——人总是要老的。大家小孩都已这样大了，他们大起来，就是我们在老起来。我们已六七年不见了呢。"

"快弄饭去吧！"我听了她们的对话，恐再牵入悲境，故意打断话头使妻走开。

妹自幼从我学会了酒，能略饮几杯。兄妹且饮且谈，嫂也在旁羼着。话题由此及彼，一直谈到饭后还连续不断。每到妹和妻要谈到家事或婆媳小姑关系上去，我总立即设法打断。因为我是深知道妹在夫家的境遇的，很不愿在难得晤面的当初就引起悲怀。

忽然，天花板上起了嘈杂的鼠声。

"新造的房子，老鼠就这样多了吗？"妹惊讶地问。

"大概是近山的缘故吧。据说房子未造好就有了老鼠的。晚上更厉害，今夜你听，好像在打仗哩。你们那里怎样？"妻说。

"还好，我家有猫。——快要产小猫了，将来可捉一只来。"

"猫也大有好坏，坏的猫老鼠不捕，反要偷食，到处撒屎，还是不养好。"我正在寻觅轻松的话题，就顺了势讲到猫上去。

"猫也和人一样，有种子好不好的。我那里的猫是好种，不偷食，每朝把屎撒在盛灰的畚斗里。——你记得从前老四房里有一只好猫吧。我们那只猫就是从老四房里讨去的小猫。近来听说老四房里已断了种了，——每年生一胎,附近养蚕的人家都来千求万恳地讨,据说讨去的都不淘气。现在又快要生小猫了。"

老四房里的那只猫向来有名。最初的老猫是曾祖在时就有了的。不知是哪里得来的种子,白地小黄黑花斑,毛色很嫩,望去像上等的狐皮"金银嵌"。善捉鼠,性质却柔驯得了不得。我小时候常去抱来玩弄,听它念肚里佛,掰开它的眼睛来看,不啻是一个小伴侣。后来我由外面回家,每走到老四房去,有时还看见这小伴侣的子孙。也曾想讨一只小猫到家里去养,终难得逢到恰好有小猫的机会,自迁居他乡,十年来久不忆及了。不料现在种子未绝,妹家现在所养的,不知已是最初老猫的几世孙了。家道中落以来,田产室庐大半荡尽,而曾祖时代的猫尚间接地在妹家留着种子,这真是一种不可思议的缘,值得叫人无限感兴的了。

"哦!就是那只猫的种子!好的,将来就给我们一只。那只猫的种子是近地有名的,花纹还没有变吗?"

"你欢喜哪一种?——大约一胎多则三只,少则两只。其中大概有一只是金银嵌的,有一二只是白中带黑斑的,每年都是如此。"

"那自然要金银嵌的罗。"我脑中不禁浮出孩时小伴侣的印象来,更联想到那如云的往事,为之茫然。

妻和妹之间,猫的谈话仍继续着。儿女中大些的张了眼听,最小的阿满摇着妻的膝问:"小猫几时会来?"我也靠在藤椅子上吸着烟默然听她们。

猫小的时候,要教它会才好。如果撒屎在地板上了,

第一编 自述

就捉到撒屎的地方，当着它的屎打，到碗中偷食吃的时候，就把碗摆在它的前面打。这样打了几次，它就不敢乱撒屎多偷食了。"

妹的猫教育论，引得大家都笑了。

次晨，妹说即须回去，约定过几天再来久留几日，临走的时候还说：

"昨晚上老鼠真吵得厉害，下次来时，替你们把猫捉来吧。"

妹去后，全家多了一个猫的话题。最性急的自然是小孩，她们常问"姑妈几时来"，其实都是为猫而问。我虽每回回答她们："自然会来的，性急什么？"而心里也对于那与我家一系有二十多年历史的猫，怀着迫切的期待，巴不得妹——猫快来。

妹的第二次来，在一个月以后，带来的只是赠送小孩的果物和若干种的花草苗种，并没有猫。说小猫前几天才出生，要一月后方可离母。此次生了三只，一只是金银嵌的，其余两只是黑白花和狸斑花的，讨的人家很多，已替我们把金银嵌的留定了。

猫的被送来已是妹第二次回去后半月光景的事。那时已过端午，我从学校回去，一进门，妻就和我说：

"妹妹今天差人把猫送来了，她有一封信在这里。说从回去以后就有些不适。大约是发寒热，不要紧的。"

我从妻手里接了信草草一看，同时就向室中四望：

"猫呢？"

"她们在弄它。阿吉，阿满，你们把猫抱来给爸爸看！"

立刻，听得柔弱的"尼亚尼亚"声，阿满从房中抱出猫来：

"会念佛的，一到就蹲在床下。妈说它是新娘子呢。"

我熟视着女儿手中的小猫说：

"还小呢，别去捉它，放在地上。过几天会熟的。当心碰见狗！"

阿满将猫放下。猫把背一耸就跄跄地向房里遁去。接着就从房内发出柔弱的"尼亚尼亚"的叫声。

"去看看它躲在什么地方。"阿吉和阿满蹑了脚进房去。

"不要去捉它啊！"妻从后叮嘱她们。

猫确是金银嵌，虽然产毛未褪，黄白还未十分夺目，尽足依约地唤起从前老四房里小伴侣的印象。"尼亚尼亚"的叫声，和"咪咪"的呼唤声，在一家中起了新气氛。在我心中却成了一个联想过去的媒介，想到儿时的趣味，想到家况未中落时的光景。

与猫同来的，总以为不成问题的妹的病消息，一二日后竟由沉重而至于危笃，终于因恶性疟疾引起了流产，遗下未足月的女孩而弃去这世界了。

一家人参与丧事完毕从丧家回来，一进门就听到"尼亚尼亚"的猫声。

"这猫真不吉利，它是首先来报妹妹的死信的！"妻见了猫叹息着说。

猫正在檐前伸了小足爬搔着柱子，突然见我们来，就跟跄逃去。阿满赶到厨下把它捉来了，捧在手里：

"你还要逃，都是你不好！妈！快打！"

"畜生晓得什么？唉，真不吉利！"妻呆呆地望着猫这样说，忘记了自己的矛盾，倒弄得阿满把猫捧在手里瞪目茫然了。

"把它关在伙食间里，别放它出来！"我一壁说一壁懒懒地走入卧室去睡。我实在已怕看这猫了。

立时从伙食间里发出"尼亚尼亚"的悲鸣声和嘈杂的搔爬声来。努力想睡，总是睡不着。原想起来把猫重新放出，终于无心动弹，连向那就在房外的妻女叫一声"把猫放出"的心绪也没有，只让自己听着那连续的猫声，一味沉浸在悲哀里。

从此以后，这小小的猫在全家成了一个联想死者的媒介，特别是我。这猫所暗示的新的悲哀的创伤，是用了家道中落等类的怅惘包裹着的。

伤逝的悲怀随着暑气一天一天地淡去，猫也一天一天地长大。从前被全家所诅咒的这不幸的猫，这时候渐被全家宠爱珍惜起来了，当作了死者的纪念物。每餐给它吃鱼，归阿满饲它，晚上抱进房里，防恐被人偷了或是被野狗咬伤。

白玉也似的毛地上，错落的黄黑斑非常明显，蹲在草地上或跳掷在凤仙花丛里的时候，望去真是美丽。附近四邻或路过的人见了称赞说"好猫"，这时候，妻脸上就现出一种莫可言说的矜夸，好像是养着一个好儿子或是好女儿。特别是阿满：

"这是我家的猫，是姑母送来的。姑母死了，只剩了这只猫了！"有人称赞猫的时候，她不管那人陌生与不陌生，总会睁圆了眼起劲地对他说明这些。

猫成了一家的宠儿了，每餐食桌旁总有它的位置。偶然偷了食或是乱撒了屎，虽然依妹的教育法是要就地罚打的，妻也总看妹面上宽恕过去。阿吉阿满一从学校里回来就用带子逗它玩，或是捉迷藏似地在庭间追赶它。我也常于初秋的夕阳中坐在檐下对了这跳掷着的小动物作种种的遐想。

那是快近中秋的一个晚上的事：湖上邻居的几位朋友，晚饭后散步到了我家里，大家在月下闲话，阿满和猫在草地上追逐着玩。客去后，我和妻搬进几椅正要关门就寝，妻照例记起猫来：

"咪咪！"

"咪咪！"阿吉阿满也跟着唤。

可是却不听到猫的"尼亚尼亚"的回答。

"没有呢！哪里去了？阿满，不是你捉出来的吗？去寻来！"妻着急起来了。

"刚刚在天井里的。"阿满瞠着眼含糊地回答，一壁哭了起来。

"还哭！都是你不好，夜了还捉出来做什么呢？——咪咪！咪咪！"妻一壁责骂阿满，一壁嗄了声再唤。

"咪咪！咪咪！"我也不禁附和着唤。

可是仍不听到猫的"尼亚尼亚"的回答。

叫小孩睡好了，重新找寻，室内室外，东邻西舍，分头到处寻遍，哪有猫的影儿？连方才谈天的几位朋友都过来帮着在月光下寻觅，也终于不见形影。一直闹到十二点多钟，月亮已照屋角为止。

"夜深了，把窗门暂时开着，等它自己回来吧！——偷是没有人偷的，或者被狗咬死了，但又不听见它叫。也许不至于此，今夜且让它去吧。"

我宽慰着妻，关了大门，先入卧室去。在枕上还听到妻的"咪咪"的呼声。

猫终于不回来。从次日起，一家好像失了什么似的，都觉得说不出的寂寞。小孩放学回来也不如平日的高兴。特别在我，于妻女所感得的以外，顿然失却了沉思过去种种悲欢往事的媒介物，觉得寂寞更甚。

第三日傍夜，我因寂寞不过了，独自在屋后山边散步，忽然在山脚田坑中发见猫的尸体。全身粘着水泥，软软地倒在坑里，毛贴着肉，身躯细了好些，项有血迹，似确是被狗或野兽咬毙了的。

"猫在这里！"我不自觉叫着说。

"在哪里？"妻和女孩先后跑来，见了猫都呆呆地，几乎一时说不出话。

"可怜！一定是野狗咬死的。阿满，都是你不好！前晚你不捉它出来，哪里会死呢？下世去要成冤家啊！——唉！妹妹死了，连妹妹给我们的猫也死了。"妻说时声音呜咽了。

阿满哭了，阿吉也呆着不动。

"进去吧。死了也就算了，人都要死哩，别说猫！快
叫人来把它葬了。"我催她们离开。

妻和女孩进去了。我向猫作了最后的一瞥，在黄昏中
独自徘徊。日来已失了联想媒介的无数往事，都回光返照
似的一时强烈地齐现到心上来。

（《一般》第二号，一九二六年十月）

第一编　自述

钢铁假山

案头有一座钢铁的假山，得之不费一钱，可是在我室内的器物里面，要算是最有重要意味的东西。

它的成为假山，原由于我的利用，本身只是一块粗糙的钢铁片，非但不是什么"吉金乐石"，说出来一定会叫人发指，是一二八之役日人所掷的炸弹的裂块。

这已是三年前的事了。日军才退出，我到江湾立达学园去视察被害的实况，在满目凄怆的环境中徘徊了几小时，归途拾得这片钢铁回来。这种钢铁片，据说就是炸弹的裂块，有大有小，那时在立达学园附近触目皆是。我所拾的只是小小的一块，阔约六寸，高约三寸，厚约二寸，重约一斤。一面还大体保存着圆筒式的弧形，从弧线的圆度推测，原来的直径应有一尺光景，不知是多少磅重的炸弹了。另一面是破裂面，巉削凹凸，有些部分象峭壁，有些部分象危岩，锋棱锐利得同刀口一样。

江湾一带曾因战事炸毁过许多房子，炸杀过许多人。仅就立达学园一处说，校舍被毁的过半数。那次我去时，瓦砾场上还见到未被收殓的死尸。这小小的一块炸弹裂片，当然参与过残暴的工作，和刽子手所用的刀一样，有着血腥气的。论到证据的性质，这确是"铁证"了。

我把这铁证放在案头上作种种的联想，因为锋棱又锐利摆不平稳，每一转动，桌上就起磨损的痕迹。最初就想配了架子当作假山来摆。继而觉得把惨痛的历史的证物变装为古董性的东西，是不应该的。古代传下来的古董品中，有许多原是历史的遗迹，可是一经穿上了古董的衣服就减少了历史的刺激性，只当作古董品被人玩耍了。

这块粗糙的钢铁不久就被我从案头收起，藏在别处，忆起时才取出来看。新近搬家整理物件时被家人弃置在杂屑篓里，找寻了许久才发现。为永久保藏起见，颇费过些思量。摆在案头吧，不平稳，而且要擦伤桌面。藏在衣箱里吧，防铁锈沾惹坏衣服，并且拿取也不便。想来想去，还是去配了架子当作假山来摆在案头好。于是就托人到城隍庙一带红木铺去配架子。

现在，这块钢铁片已安放在小小的红木架上，当作假山摆在我的案头了。时间经过三年之久，全体盖满了黄褐色的铁锈，凹入处锈得更浓。碎裂的整块的，象沈石田的峭壁，细杂的一部分象黄子久的皴法，峰冈起伏的轮廓有些象倪云林。客人初见到这座假山，都称赞它有画意，问我从什么地方获得。家里的人对它也重视起来，不会再投入杂屑篓里去了。

这块钢铁片现在总算已得到了一个处置和保存的方法了，可是同时却不幸地着上了一件古董的衣裳。为减少古董性显出历史性起见，我想写些文字上去，使它在人的眼中不仅是富有画意的假山。

写些什么文字呢？诗歌或铭吗？我不愿在这严重的史迹上弄轻薄的文字游戏，宁愿老老实实地写几句记实的话。用什么来写呢？墨色在铁上是显不出的，照理该用血来写，必不得已，就用血色的朱漆吧。今天已是二十四年的一月十日了，再过十八日，就是今年的"一·二八"。我打算在"一·二八"那天来写。

（《中学生》第五十二号，一九三五年二月）

流　弹

　　兰芳姑娘跟了我弟妇四太太到上海来，正是我长女吉子将迁柩归葬的前一个月。她是四太太亲戚家的女儿，四太太有时回故乡小住，常来走动，四太太自己没有儿女，也欢迎她作伴，因此和我家吉子满子成了很熟的朋友。尤其是吉子，和她年龄相仿，彼此更莫逆。吉子到上海以后，常常和她通信。她是早没有父亲的，家里有老祖父、老祖母、母亲，还有一个弟弟，一家所靠的就是老祖父。今年她老祖父病故的时候，吉子自己还没有生病，接到她的报丧信，曾为她叹息：

　　"兰芳的祖父死了，兰芳将怎么好啊！一家有四五个人吃饭，叫她怎么负担得起！"

　　这次四太太到故乡去，回来的时候兰芳就同来了。我在四弟家里看见她。据她告诉我，打算在上海小住几日，于冬至前后吉子迁柩的时候跟我们家里的人回去，顺便送吉子的葬。从四太太的谈话里知道她家的窘况，求职业的迫切，看情形，似乎她的母亲还托四太太代觅配偶的。

"三伯伯，可有法子替兰芳荐个事情？兰芳写写据说还不差，吉子平日常称赞她。在你书局里做校对是很相宜的。"四太太当了兰芳的面对我说。

"女子在上海做事情是很不上算的。我们公司里即使荐得进去，也只是起码小职员，二十块大洋一月，要自己吃饭，自己住房子，还要每天来去的电车钱，结果是赔本。对于兰芳有什么益处呢？"我设身处地地说。

"那么，依你说怎样？"四太太皱起眉头来了。

"兰芳已二十岁了吧，请你替她找个对手啊！做了太太，什么都解决了。哈哈！"我对了兰芳半打趣地说。

"三伯伯还要拿我寻开心。"兰芳平常也叫我三伯伯。"我的志愿，吉子姐最明白，可惜她现在死去了。我情愿辛苦些，自己独立，只要有饭吃，什么工作都愿干，到工场去当女工也不怕。"

"她的亲事，我也在替她留意，但这不是一时可以成功的，还是请你替她荐个事情吧。她如果做事情了，食住由我担任，赔本不赔本，不要你替她担心。"四太太说。

"事情并不这样简单。从这里到老三的店里，电车钱要二十一个铜板，每日来回两趟，一个月就可观了；还有一顿中饭要另想法子。——况且商店都在裁员减薪，荐得进荐不进，也还没有把握。"这次是老四开口了。

四太太和兰芳面面相觑，空气忽然严重起来。

"且再想法吧，天无绝人之路。"我临走时虽然这样说，却感到沉重的负担。近年来早不关心了的妇女问题，家庭问题，女子职业问题等等，一齐在我胸中浮上。坐在电车里，分外留意去看女人，把车中每个女人的生活来源来试加打量，在心里瞎猜度。

吉子迁葬的前一日，家里的人正要到会馆去作祭，兰芳跑来说，四太太想过一个热闹的年，留她在上海过了年再回去。她明天不预备跟我们家里的人同回去送葬了，特来通知，顺便同到会馆里去祭奠吉子一次，见一见吉子的棺材。

从会馆回来，时候已不早，妻留她宿在这里，第二天，家里的人要回乡去料理葬事，只我和满子留在上海，满子怕寂寞，邀她再作伴几天。她勉强多留了一夜。第三天早晨我起来的时候，已不见她，原来她已冒雨雇车回四太太那里去了。吃饭桌上摆着一封贴好了邮票的信，据说是因为天雨，又不知道这一带附近的邮筒在哪里，所以留着叫满子代为投入邮筒的。

“在这里作了一天半的客，也要破工夫来写信？”我望着信封上娟秀的字迹，不禁这样想。信是寄到杭州去的，受信人姓张，照名字的字面看去，似乎是一个男子。

隔了一二天，我有事去找老四，一进门，就听见老四和四太太在淡着什么“电报”的话。桌子上还摆着电报局的发报收条。

“打电报给谁？为了什么事？”我问。

“我们自己不打电报，是兰芳的。”四太太说。

“兰芳家里出了什么事？”我不安地向兰芳看。老四和四太太却都带着笑容。

“三伯伯，你看，昨天有人来了这样一个电报，不知是谁开的玩笑？"兰芳从衣袋里摸出一张电报来，电文是"上海×××路××号刘兰芳，母病，速转杭州回家"，不具发电人的名字。

"母亲没有生病吗？"我问兰芳。

"前天她母亲刚有信来，说家里都好，并且还说如果喜欢在上海过年，新年回来也可以，昨天忽然接到了这样的电报。问她，她说不知道是什么人打的。叫她从杭州转，不是绕远路吗？我不让她去，不好，让她去，也不放心。后来老四主张打一个电报到她家里去问个明白。回电来了，说家里并没有人生病。你道蹊跷不蹊跷？"素来急性的四太太滔滔地把经过说明。

"一个电报变成三个电报了，电报局真是好生意。"老四笑着说。

"那么打电报来的究竟是谁呢？"我问兰芳。

"不知道。"兰芳说时头向着地。

"电报上的地址门牌一些不错，如果你不告诉人家，人家会知道吗？你到此地以后天天要写信，现在写信写出花样来了。幸而那个人在杭州，只打电报来，如果在上海的话，还要钉梢上门呢。我劝你以后少写信了。"四太太几乎把兰芳认作自己的亲生女，忘记了她是寄住着的客人了。

兰芳赧然不作声。

"兰芳做了被人追逐的目标了。这打电报的人，前几天一定还在杭州车站等着呢。等一班车，不来，等一班车，不来，不知道怎样失望啊。这样冷的天气，空跑车站，也够受用了。"我故意把话头岔开，同时记起前几天看见的信封上的名字来。"杭州,姓张,一定是他了。"这样想时,暗暗感到读侦探小说的兴味。

第二天吃饭的时候,和满子谈起电报的故事。从满子的口头知道兰芳和那姓张的过去几年来的关系,知道姓张的已经是有妻有女儿的人了。

"这电报一定是他打来的。兰芳前回住在这里,曾和我谈到夜深,什么要和妻离婚咧,和她结婚咧,都是关于他的话。"满子说。

我从事件的大略轮廓上,预想这一对青年男女将有严重的纠纷,无心再去追求细节,做侦探的游戏了,深悔前几次说话态度的轻浮。

星期日上午,满子和邻居的女朋友同到街上去了,家里除娘姨以外只我一个人。九时以后,陆续来了好几个客,闲谈,小酌,到饭后还未散尽。忽然又听见门铃急响,似乎那来客是一个有着非常要紧的事务。

"今天的门铃为什么这样忙。"娘姨急忙出去开门。

我和几位朋友在窗内张望,见来的是一个二十多岁的青年,光滑的头发,苍白的脸孔,围了围巾,携着一个手提皮箱。看样子,似乎是才从火车上下来的。

"说是来看二小姐的。"娘姨把来客引进门来。

"你是夏先生吗?我姓张,今天从杭州来,来找满子的。"

"满子出去了,可有什么要事?"我一壁请他就坐,一壁说,其实心里已猜到一半。

"真不凑巧!"他搔着头皮,似乎很局促不安。"夏先生的令弟家里不是有个姓刘的客人住着吗？我这次特地从杭州来，就是为了想找她。"

"哦，就是兰芳吗？在那里。尊姓是张，哦……那么找满子有什么事？"

"我想到令弟家里去找兰芳。听说令弟的太太很古板，直接去有些不便，所以想托满子叫出兰芳来会面。我们的关系，满子是很明白的。今天她不在家，真不凑巧。"

"那么请等一等，满子说不定就可回来的。"我假作什么都不知道。

别的客人都走了，客堂间里只我和新来的客人相对坐着。据他自说，曾在白马湖念过书，和吉子是同学，也曾到过我白马湖的家里几次，现在杭州某机关里当书记。

"据说吉子的灵柩已运回去了，她真死得可惜！"他望着壁间吉子的照相说。

我苦于无话可对付，只是默然地向着客人看。小钟的短针已快将走到二点的地方，满子还不回来。

"满子不知什么时候才回来，——我只好直接去了。"客人立起身来去提那放在坐椅旁的皮箱。

"戏剧快要开幕了，不知怎样开场，怎样收场！"我送客到门口，望着他的后影这样私忖。

为了有事要和别人接洽，我不久也就出去了，黄昏回来按了好几次门铃，才见满子来开门。

"爸爸，张××来找你好几次了。他到了四妈那里，要叫兰芳一淘出去，被四妈大骂，不准他进去。他在门外立了三个钟头，四妈在里面骂了三个钟头。他来找你好几次了，现在住在隔壁弄堂的小旅馆里，脸孔青青地，似乎要发狂。我和娘姨都怕起来，所以把门关得牢牢地。——今天我幸而出去了，不然他要我去叫兰芳，去叫呢还是不去叫？"

"他来找我做什么？"

"他说要托你帮忙。他说要自杀，兰芳也要自杀，真怕煞人！"

才捧起夜饭碗，门铃又狂鸣了。娘姨跑出来露着惊惶的神气。

"一定又是他。让他进来吗？"

"让他进来。"我拂着筷子叫娘姨去开门。

来的果然就是张××，那神情和方才大两样了，本来苍白的脸色，加添了灰色的成分，从金丝边的眼镜里，闪出可怕的光。我请他一淘吃夜饭，他说已在外面吃过，就坐下来气喘喘地向我诉说今天下午的经过。

"我出世以来，不曾受到这样的侮辱过。恋爱是神圣的，为什么可以妨害我们？我总算读过几年书，是知识阶级，受到这样的侮辱，只好自杀了。我预先声明，我要为恋爱奋斗到底，自杀以前，必定要用手枪把骂我的人先打杀！还有兰芳，看那情形也要自杀的，说不定就在今天晚上……"

他越说越兴奋，仿佛手枪就在怀中，又仿佛自杀的惨变即在目前的样子。我默然地听他说，看他装手势，一壁赶快吃完了饭。

"请问，你现在到我这里来为了什么？"我坐在他旁

第一编 自述

边，重新改变了态度从头问。

他似乎有些清醒了。

"一来是想报告今天的经过；二来是想请先生帮忙。"说时气焰已减退了许多。

"这经过于我无关，用不着向我报告。至于帮忙，更无从谈起。我不知道你和兰芳的情谊，兰芳又不是我的亲戚。我连做媒人的资格都没有，何况你们是恋爱！"我冷淡地说。

"先生是我们的老前辈，关于恋爱，曾翻译过好几种书，又曾发表过许多篇文章。我们对于这些著作，平日是常作经典读的。在先生看来，我们青年应该恋爱吗？"

"我决不反对恋爱。可是惭愧得很，自己却未曾有过恋爱的经验。关于这点，我倒应该向你受教的。听说你已结过婚，而且有了儿女了。你恋爱兰芳，本身当然有许多荆棘。你居然不怕，我真佩服你有勇气。"

他默然了一会，似乎在沉思。

"我已决定回家去离婚了。"

"那么，兰芳和你的情谊到了如何程度了呢？今天你到我弟弟家里去的时候，曾见到她吗？她曾出来招呼，向女主人介绍吗？"

"没有。我去敲门，把名片从门孔里递给女佣人，立了一刻多钟不见来开门，那位太太的骂声就起来了。兰芳不出来，也许是怕羞，说不定从中有人在阻挠，破坏我们的恋爱。我和兰芳相识已四年了，我为了她，曾奋斗到现在。"说到这里，他郑重地从衣袋里摸出一个纸包来。

"喏，这里面有她和我合拍的照相，许多封给我的信。爱情这东西培养很难，破坏是很容易的。如果有人来破坏我们的爱情，我一定要和他拚命。"他又兴奋起来了。

纸包摊开在桌子上，露出粉红色和淡蓝色的许多信封。我叫满子替他包好，不去看它。

"据你说来，今天的事情，关系还在兰芳身上。她如果肯直直爽爽地把你当作未婚夫来介绍，就什么问题都没有了。我们的那位弟太太待兰芳并不坏，至于你们的关系如何，当然未曾明了。你知道上海的情形吗？在上海，陌生的男人上门去追逐女人叫'钉梢'，是要被打——'吃生活'的，你只受骂，还算便宜呢。哈哈！"

我不想再说什么了。拿起吃饭前已看过的晚报，无聊地来再看，把眼光放在"学生占住北站车辆，沪宁沪杭夜车停开"的标题上。客人仍是"指导"咧"帮忙"咧，说了一大套。

"你要我帮忙些什么呢？"我打着呵欠问他。"你的目的是要兰芳爱你吧？她究竟爱你不爱你，权在她自己，我有什么方法可想？至于说有人妨害你们的结合，更没有这回事。兰芳是在亲戚家里作客的，那里并没有你的情敌。你尽可放心。"

客人还没有就去的意思，低了头悄然地坐着。

"怎样？我不是已对你说得很明白了吗？你还有什么事？"

"我想叫兰芳不住在上海。兰芳这次出来原和我有约，冬至节边就回家去的。忽然说要在上海过年了，我曾打过一个电报，还是不回去。所以特地跑到上海来找她。她如果一天不回去，我也一天不回杭州，情愿死在这里。"他说到"死"字，又兴奋起来。

我对于这狂热而黏韧的青年，想不出适当对付的方法来了。

"兰芳的回去不回去，照理有她的自由。你既这样说，我明天就去关照舍弟家里，叫他们不要留她，送她回去吧。好了，话说到这里为止，你可放心回旅馆去睡觉，明天也不必再来了。"

我立起身来替客人开门，他这才出门去。

第二天早晨，我还睡着，又听得门铃响。那姓张的客人又来了。据娘姨说，她起来扫地的时候就见他在我家前后荡来荡去好几次了。

我披了衣服下楼去，见他已坐在客堂里，眼睛红红地，似乎昨晚不曾睡着过的样子。

"不是昨天已答应过你了吗，由我去劝四太太，叫她不再留兰芳在上海。我打算今天吃了夜饭就去说，日里是没有工夫的。——此外还有什么事？"我问他的来意。

"我怕兰芳要自杀，也许昨晚已经……"

"绝不会吧。你似乎有些神经异常了。据我的意见，你在上海已没有事，可以就回杭州去了。兰芳不日也就可回到自己家里去。此后的事情，完全看你们的情形怎样。"我抑住了厌憎的情绪，这样劝说。

"我有一封信在这里，想托满子替我代为送去给兰芳，安慰安慰她。"他说着从衣袋里摸出一封厚厚的信来。

"又是信！"我在心里说。我对于这种粘缠扭捏的青年男女间的文字游戏，是向所不快的，为了逃避当面的包围起见，就答应照办。笑着说：

"阿满，就替他做一回秘密邮差吧。——去去就回来，不要多讲话。"

打发满子去后，我就去穿大衣，戴帽子。客人见这样子，也就告辞而去。

正午回来吃中饭，满子尚未回转，从娘姨口里，知道那姓张的又来捺过好几次门铃；有一次从后门闯进来，独身在厨房里站了一回，拿起娘姨所用的镜子来照了又照，自叹面容的憔悴。

"这位客人样子有些痴。"娘姨毫不客气地下起诊断来。

黄昏回到家里，满子早已转来了，据说兰芳也有回信给姓张的。他下午又来守候过几次，最后一回拿了信去。兰芳在那里仍是有说有笑的，并不怪四太太。看样子似乎他们之间问题还很多，或者竟是张××的单相思。

晚饭后我冒了雪到老四那里，正在和老四、四太太、兰芳围了炉谈说日来的经过，忽听见有人敲门。

"一定又是那个痴子，别去理他！"四太太说。

"还是让他进来吧，好当面讲个明白。"我主张说。

老四和我去开门，来的果然就是他。老四和他是初见，"尊姓台甫"，一番寒暄之后，就表示日来怠慢的抱歉，且声明即日送兰芳回去，劝他放心。

"兰芳，这是你的客人，你也出来当面谈谈，免得我们做旁人的为难。"老四笑着叫兰芳。

兰芳经了好几次催迫才出来，彼此相对，也不说什么。四太太在后房和娘姨在谈话，"痴子""痴子"的声音时时传到耳里来。

"现在好了。他们已声明就送兰芳回去，我答应你的事情，总算办到。今晚我还要到别的朋友那里去，你也可以放心回去了。"我这样三面交代，结束了这会见的场面。

接连下了好几天的雨夹雪，姓张的到第二天还没有回去，几次来捺门铃，我却都没有见到他。

过了三天，我又到老四那里。老四一个人在灯下打五关。据说四太太昨天下午亲自送兰芳回去了，预备在兰芳家里留一夜，明天可以回到上海。本来打算等天晴了才走的，因为那姓张的只管上门来嘈杂，所以就冒着雨雪动身了。

"这样冷的天气！太太真心坚，……都是那个痴子不好。"娘姨送出茶来，这样说。

国事、家事、杂谈已到了十点多钟，雪依然在落着。正想从炉旁立起身来回家，忽听得四太太叫娘姨开后门的声音。

"回来了，好象充了一次军！"四太太扑着大衣上的雪花进来。

"为什么这样快？不是预备在兰芳家里宿一夜的吗？"老四问。

据四太太说，她和兰芳才从轿子下来，就看见那姓张的，原来他已比她们早到了那里了。四太太匆匆地把经过告诉了兰芳的母亲，看时间尚早，来得及赶乘火车，就原轿动身，在兰芳家里不过留了半个钟头。

"我们都是瞎着急，睡在鼓里。兰芳的母亲既知道女儿已有情人，为什么还要托我管这样管那样。幸而我还没有替兰芳做媒人。兰芳也不好，为什么不明明白白告诉我们。那个痴子，在她们家里似乎已是熟客，俨然是个姑爷了，还要我们来瞎淘气。"四太太很有些愤愤。

因为四太太在车子里未曾吃过晚饭，娘姨赶忙烧起点心来。我也不管夜深，留在那里吃点心，大家又谈到姓张的和兰芳。

"照情理想来，这对男女的结合并不容易。男的家里已有妻和小孩，女的家境又不好，暂时要靠人帮助。为兰芳计，最好能嫁个有钱的丈夫。唉，天下真多不凑巧的事。"老四感慨地说。

"男女间的事情，不能用情理来判断，恋爱本是盲目的东西。在西洋的神话里，管恋爱的神道，眼睛永不张开，只是把箭向青年男女的心胸乱放。据说这箭是用药煮过的，中在心上又舒服又苦痛，说不出的难熬，要经爱人的手才拔得出呢。"我的话引得老四和四太太都笑了。

"依你说来兰芳和那痴子都中了那位神道的箭了。那么，我们的为她们淘气，算是什么呢？"四太太笑说。

"只可说是流弹了。哈哈。"我觉得"流弹"二字用得恰好。

"真是流弹。哦，电报费、来回的船钱、火车钱、轿钱、汽车钱、计算起来，很不少呢。这颗流弹也不算小了。"老四说。

"还要外加烦恼哩。前几天多少嘈杂淘气！这样大雪天，要我去充军！"四太太又愤愤了。

"总之是流弹，如数上在流弹的账上就是了。"老四笑着说。

（《十年续集》，开明书店版，一九三六年十二月）

黄包车礼赞

　　自从到上海作教书匠以来，日常生活中与我最有密切关系的要算黄包车了。我所跑的学校，一在江湾，一在真茹，原都有火车可通的。可是，到江湾的火车往往时刻不准，到真茹的火车班次既少，车辆又缺，十次有九次觅不到坐位，开车又不准时，有时竟要挤在人群中直立到半小时以上才开车。在北站买车票又不容易，要会拼命地去挤才可买得到手。种种情形，使我对于火车断了念，专去交易黄包车。

　　每日清晨在洗马子声里掩了鼻子走出宝山里，就上黄包车到真茹。去的日子，先坐到北站，再由铁栅旁换雇车子到真茹。因为只有北站铁栅外的黄包车夫知道真茹的地名的。江湾的地名很普通，凡是车夫都知道，所以到江湾去较方便，只要在里门口跳上车子，就一直会被送到，不必再换车了。

　　从宝山里的寓所到真茹需一小时以上，到江湾需一小时光景，有时遇着已在别个乘客上出尽了力的车夫，跑不快速，时间还要多花些。总计，我每日在黄包车上的时间，至少要二小时光景，车费至少要小洋七八角。时间与经济，都占着我全生活上的不小部分。

听说吴稚晖先生是不坐黄包车的。我虽非吴稚晖先生，也向不喜欢坐黄包车，当专门坐黄包车的开始几天，颇感困难，每次要论价，遇天气不好，还要被敲竹杠，特别是闸北华界，路既不平，车子竟无一辆完整的，车夫也不及租界的壮健能跑，往往有老叟及孩子充当车夫的。无论在将坐时，正坐时，下车时，都觉得心情不好。不是因为他走得慢而动气，就是因为他走得吃力而悯怜，有时还因为他敲竹杠而不平。至于因此而引起的对于社会制度的愤闷，又是次之。

可是过了一二个月以后，我对于一向所不喜欢的黄包车，已坐惯了，不但坐惯，还觉到有时特别的亲切之味了。横竖理想世界不知何日实现，汽车又是不梦想坐的，火车虽时开时不开，于我也好象无关，我只能坐黄包车。现世要没有黄包车，是不可能的梦谈。没有黄包车，我就不能妓女出局似的去上课，就不能养家小，我的生活，完全要依赖黄包车，黄包车才是我的恩人。

因为所跑的地方有一定，日日反复来回，坐车的地点也有一定，好许多车夫都认识了我，虽然我不认识他们。每日清晨一到所定的地点，就有许多老交易的车夫来"先生先生"地欢迎，用不着讲价，也用不着告诉目的地，只要随便跳上车子，就会把我送到我所要到的地方，或是真茹，或是江湾。到了"照老规矩"给钱，毫无论价的麻烦，多加几个铜子，还得到"谢谢"的快活回答。

上海的行业都有帮的，如银钱业多宁绍帮，浴堂的当差的，理发匠，多镇江帮，黄包车夫却是江北帮，他们都打江北话，有许多还留着辫子。为什么江北产生黄包车夫？不待说这是个很有深远背景的问题，可惜我从他们口头得来的材料还不多，不能为正确的研究。

近来我又发见了在车上时间的利用法，不像最初未惯时的只盼快到江湾，把长长的一小时在焦切中无谓耗去了。到江湾，到真茹所经过的都是旷野，只要车子一出市梢，就可纵览风景，特别是课毕回来，一天的劳作已完，悠然地把身体交付了黄包车，在红也似的夕阳里看那沿途的风物，好比玩赏走卷，真是一种享乐，有时还嫌车子走得太快。

在黄包车上阅书也好，我有好几本书都是在黄包车上看完的。一本四五百页的书，不到一星期，就可翻毕了。大家都知道，上海的学校，是只许教员跑，不许教员住的。不但住室没有，连休息室也或许没有，偶有空暇的一二小时，也只好糊涂地闲谈空过，不能看书。在自己的寓所里呢，又是客人来咧，邻居的小孩哭咧，大人又麻雀咧，非到深夜实在不便于看书。这缺陷现在竟在黄包车上寻到了弥补的方法。我相信，我以后如还想用功的话，只有在黄包车上了。

我近来又在黄包车上构文章的腹案，古人关于作文有"三上"的话，所谓三上者，记得是枕上、马上、厕上。在现在，我以为应该增加一"黄包车上"，凑成"四上"

的名词。在黄包车上瞑了目就一项问题，或一种题材加以思索，因了车夫有韵律的步骤，身体受着韵律地颤动，心情觉得特别宁静，注意也很能集中于一处，很适宜作文。有一个作家，因为他的作品都是在亭子楼中伏居了做的，自怜其作品为"亭子间文学"，我此后如果不懒惰，写得出文章出来，我将自夸为"黄包车文学"了。

这样在黄包车上观风景、看书、作文，也许含有享乐的意味，在态度上对于苦力的黄包车夫，是不人道的。我常有此感觉。但一想到他们也常飞奔似的拉了人家去嫖赌，也就自安了。并且，我坐在车上观风景与否，看书与否，作文与否，于他们的劳苦，毫无关系。这种情形正如邮差一样，邮差不知递送了多少的情书，做过多少痴男怨女的实际的媒介，而他们对于自己的功绩，却毫没主张矜夸，也毫不吐说不平的。

说虽如此，但我总觉得黄包车是与我有恩的，我要有出息，才不负他们日日地拉我，虽然他们很大度，一视同仁地拉好人也拉坏蛋。

日日做我的伴侣，供给我观风景读书作文的机会的黄包车啊！我礼赞你！我感谢你！我愿努力自己，把我自己弄成一个除了给钱以外，还有别的资格值得你拉我的人。

（《秋野》创刊号，一九二七年十一月）

做了父亲

　　《妇女杂志》的记者想约几个朋友来写些做了父亲以后的话，又因为我在朋友中年龄较大，被认为老牌的父亲，要求得格外恳切，以为一定非写不可。

　　真的，我是个老牌的父亲。说也惭愧，我今年四十五岁，已有孙儿，不但做了父亲，且已做了父亲的父亲了。

　　我因为家庭的种种关系，十七岁就结婚。第一次做父亲，是在二十岁那年。做父亲如此之早，在现在看来，自己也似乎觉得很奇怪，但在二十五年以前，却是极普通的事。我一共有过五个儿女，现存者四个，最大的二十五岁，最小的十二岁。

　　人常把小孩比诸天使，我却一般地不喜欢小孩，自己也不知道这是甚么缘故。我不曾逗弄过小孩，非不得已，也不愿抱小孩。当妻偶然另有事须做，把怀中的小孩"哪，叫爸爸抱"地送过来，我总是摇头皱眉，表示不高兴。至于携了会走的儿女去买物看戏或探问亲友等类的事，差不多一次都不曾有过。妻常怨我冷淡，叫我"外国人"。（因为我曾留学日本，早就没有辫子）那末，说我不爱儿女吗？那也不然。这话可由反面来自己证明，当我的第三个小孩于五岁夭死的那一年，我曾长期地沉陷于颓丧的心情中，觉得如失了宝贝一样。即至今偶然念及，也仍不免要难过许多时候。

我对于儿女，一直取着听其自然的主义。"听其自然"，原不好算甚么主义，只是迫于事实不得不然的一种敷衍办法。在妻初怀着长男的姃的当时，对于未来儿女的教养，也曾在少年幼稚的心胸中象煞有介事地做过许多一知半解的计划：哺乳该怎样？玩具该怎样？复习要怎样监督？职业要怎样指导？婚姻要怎样顾问？可是一经做了父亲以后，甚么都不曾办到。那情形差不多等于为政者说谎。为政者在未爬上政治的座位以前，必有一番可以令人动听的政治理想或政纲之类的，及权位到手，自食其言的不消说了，即真想实行其对民众所作的约束，也常感到事实上的困难不得已而变节的。我于做父亲以后，就感到一种幻灭。第一是因为自己须出外糊口，不能与儿女们常在一处，第二是没有财力与闲暇去对付他们。结果，儿女虽逐渐加多加长，理想却无从实现。横竖弄不好，于是只好听其自然。觉得还是听其自然，比较地可以减少些责任。校课成绩，听其自然，职业，听其自然，婚姻，也听其自然。

当我的长男在商店学满生意，自己看中了一个姑娘，亲戚某君拍着胸脯替他去做媒说合的时候，我曾郑重声明不管一切。长男的岳家不相信，以为这只是说说罢咧，哪里会有父亲不管儿子娶亲的道理？后来见我真不管，于是"外国人"的名声乃愈传愈远。在他们结婚的那天，我送了一百元钱的贺礼去，吃过一餐的喜酒就回来了。（五十元或百元的礼，我每年总要送一二次。我于近二十年来，不送一元二元的礼，在一方面呢，遇到亲友家里有婚丧大事，而境况窘苦的时候，就设法筹一笔大钱送去作礼。省去了零星的应酬，把财力集中于一处，我觉得这是一件很合算的事）至今儿媳们只从他们的小家庭里象亲戚似的来往着，因之普通家庭间常见的姑媳间的纠纷，在我家却未曾经验过。

我与长男，彼此经济已独立多年了。他虽已另立门户，作着一家之主，可是能力很薄弱，而且数年前曾有一时颇荒唐。我对他虽很不放心，但也只好听其自然。我觉得父兄对于子弟须负全责的话，只是旧时代的一种理想。在旧日职业世袭，而且以农业为中心的社会里，父兄与子弟自朝到晚都在一处，做父兄的对于子弟的行为，当然便于监督指导，可以负责的。至于现今，尤其是我们这一类人，这话就无从说起了。我在上海做教书匠，我的儿子在汉口做商业伙计，他如果不知自爱，在那里赌钱或嫖妓，我有甚么方法知道，用甚么方法干涉他呢？结果只好听其自然了。

长男以下，还有一男二女。有的尚未成年，有的已经成年了尚未结婚，当然只好留在家里养活他们，或送到学校里去。我虽衷心地默祷，希望他们将来都成一个"人"，但在象我这样的父亲与现今的时代之下，究竟前途怎样，也只好听其自然，看他们自己的努力与运命如何了。

我的做父亲的情形，不过如此。我敢自己公言：我虽二十五年来靦然地做着父亲，而自问却未曾真正地做过一日父亲。

（《妇女杂志》第十七卷一号，一九三一年一月一日）

我的中学生时代

　　中学校时代，在年龄上是指十三四岁到十八九岁的一段。我今年四十六岁，我的中学校时代已是三十年以前的事了。那时正是由科举过渡到学校的当儿，学校未兴，私塾是唯一的学校。我自幼也从塾师读经书，学八股，考秀才，后来且考过举人。及科举全废的前两三年，然后改进学校，可是未曾在什么学校里毕过业，未曾得过卒业文凭。

　　我上代是经商的，父亲却是个秀才。在十岁以前，祖父的事业未倒，家境很不坏，兄弟五人中据说我在八字上可以读书，于是祖父与父亲都期望我将来中举人点翰林，光大门楣，不预备叫我去学生意。在我家坐馆的先生也另眼相看，我所读的功课是和我的兄弟们不同的。他们读毕四书，就读些《幼学琼林》和尺牍书类，而我却非读《左传》、《诗经》、《礼记》等等不可。他们不必做八股文，而我却非做八股文不可。因为我是要预备将来做读书人的。

　　十六岁那年我考得了秀才，以后不久八股即废，改"以策论取士"。八股在戊戌政变时曾废过，不数月即恢复，至是时乃真废了。这改革使全国的读书人大起恐慌。当时的读书人大都是一味靠八股吃饭的，他们平日朝夕所读的是八股，案头所列的是闱墨或试帖诗，经史向不研究，"时务"更所茫然。我虽八股的积习未深，不曾感到很大的不平，但要从师也无师可从，只是把《大题文府》等类搁起，换些《东来博议》、《读通鉴论》、《古文观止》之类的东西来读，把白折纸废去，临摹碑帖，再把当时唯一的算术书《笔算数学》买来自修而已。

那时我家里的情况已大不如从前了。最初是祖父的事业失败，不久祖父即去世。父亲是少爷出身，舒服惯了的。兄弟们为家境所迫，都托亲友介绍，提早作商店学徒去了。五间三进的宽大而贫乏的家里，除了母亲和一个嫂子，就剩了父子两个老小秀才。父亲的书箱里，八股文以外有一部《史记》、一部《前汉后书》、一部《韩昌黎集》、一部《唐诗三百首》、一部《通鉴纲目》、一部《文选》、一部《聊斋志异》、一部《红楼梦》、一部《西厢记》、一部《经策通纂》、一部《皇清经解》，还有几种唐人的碑帖与《桐荫论画》等论书画的东西。父子把这些书作长日的消遣，父亲爱写字、种花、整洁屋室，室里干净清静得如庵院一般。这样地过了约莫一年。

亲戚中从上海回来的，都来劝读外国书（即现在的所谓进学校）。当时内地无学校，要读外国书只有到上海。据说上海最有名的是梵王渡（即现在的圣约翰大学），如果在那里毕业，包定有饭吃。父母也觉得科举快将全废，长此下去究不是事，于是就叫我到上海去读外国书。当时读外国书的地方并不多，外国人立的只有梵王渡、震旦与中西书院，中国人立的只有南洋公学。我是去读外国书的，当然要进外国人的学校。震旦是读法文的，梵王渡据说程度较高，要读过几年英文才能进去，中西书院（即现在东吴大学的前身）入学比较容易些，我于是就进中西书院。

那时生活程度还很低，可是学费却已并不便宜，中西书院每半年记得要缴费四十八元。家中境况已甚拮据，我的第一次半年的学费还是母亲把首饰变卖了给我的。我与便友同伴到了上海，由大哥送我入中西书院。那时我年十七。

中西书院分为六年（？）毕业，初等科三年，高等科三年，此外还有特科若干年。我当然进初等科，那时功课不限定年级，是依学生的程度定的。英文是甲班的，算学如果有些根底就可入乙班，国文好的可以入丙班。我英文初读，入甲班，最初读的是《华英初阶》；算学乙班，读《笔算数学》；国文，甲班；其余各科也参差不齐，记不清楚了。各种学科中，最被人看不起的是国文，上课与否可以随便，最注重的是英文。时间表很简单，每日上午全读英文，下午第一时板定是算学，其余各科则配搭在数学以后。监院（即校长）是美国人潘慎文，教习有史拜言、谢鸿赉等。同学一百多人，大多数是包车接送的富者之子，间有贫寒子弟，则系基督教徒，受有教会补助，读书不用花钱的。我的同学中很有许多现今知名之士。记得名律师丁榕，经济大家马寅初，都是我的先辈的同学。

中西书院门禁森严，除通学生外，非得保证人来信不能出大门一步，并且星期日不能告假（因为要做礼拜），情形几等于现在的旧式女学校。告假限在星期六下午。我的保证人是我的大哥，他在商店做事，每月只来带我出去一次，有时他自己有事，也就不来领我。我在那里几乎等于笼鸟，尤其是礼拜日，逃不掉做礼拜觉得很苦。

礼拜真正多极。每日上课前要做礼拜，星期三晚上要做礼拜，星期日早晨要做礼拜，晚上又要做礼拜。每次礼拜有舍监来各房间查察，非去不可。每日早晨的礼拜约需三十分钟，其余的都要费一小时以上。唱赞美歌，祷告，讲经，厌倦非凡。这种麻烦，如果叫现今每周只做一次纪念周犹嫌费事的学生诸君去尝，不知能否忍耐呢。

读了一学期，学费无法继续，于是只好仍旧在家里，用《华英进阶》、《华英字典》（这是中国第一部英文字典，商务印书馆出版）、《代数备旨》等书自修。另外再作些策论《四书义》，请邑中的老先生评阅。秋间再去考乡试，举人当然无望，却从临时书肆（当时平日书店很少，一至考试时，试院附近临时书店如林）买了严译《原富》、《天演论》等书回来，莫名其妙地翻阅。又因排满之呼声已起，我也向朋友那里借了《新民丛报》等来看，由是对于明末清初的故事与文章很有兴味，《明季稗史》、《明夷待访录》、《吴梅村集》、《虞初新志》等书，都是我所耽读的。

十八岁那年，因了一位朋友的劝告，同到绍兴府学堂（即现在浙江第五中学的前身）入学。在那一二年中，内地学堂已成立了不少。当时办学概依奏定学堂章程，学制很划一。县有县学堂，性质为现在的高小程度，府学堂则相当于现在的中学，省学堂相当于大学预科，京师大学堂即现在的所谓大学了。学堂的成立，并无一定顺序，我们绍兴是先有中学，后有小学的。府学堂不收学费，宿费更不须出，饭费只每月二元光景。并且学校由书院改设，书院制尚未全除，月考成绩若优，还有一元乃至几毛钱的"膏火"可得（膏火是书院时代的奖金名称，意思是灯油费）。读书不但可以不花钱，而且弄得好还有零用可获得的。

府学堂的科目记得为伦理、经学、国文、英文、史学、舆地、算学、格致（即现在的理化博物）、体操、测绘（用器画舆地图），功课亦依程度编级，一如中西书院的办法。我因英文已有半年每日三点钟及在家自修的成绩，居然大出风头，被排在程度顶高的一级里，算学与国文的班次也不低。同学之中年龄老大的很多，班级皆低于我，我于是颇受师友的青眼。

国文是一位王先生教的，选读《皇朝经世文编》，作文题是《范文正公为秀才时便以天下为己任》、《士先器识而后文艺》之类。经学是徐先生（即刺恩铭的徐锡麟烈士）担任的，他叫我们读《公羊传》，上课时大发挥其微言大义。测绘也由这位徐先生担任。体操教师是一位日本人。他不会讲中国话，口令是用日本语的，故于最初就由他教我们几句体操用的日本语，如"立正"、"向前"之类。伦理教师最奇特，他姓朱，是绍兴有名的理学家，有长长的须髯，走路踱方步，写字仿朱子。他教我们学"洒扫应对"、"居敬存诚"，还教我们舞佾，拿了鸡尾似的劳什子作种种把戏。据他的主张，上课时书应端执在右手，不应挟在腋下；上班退班都须依照长幼之序"鱼贯而行"，不应作鸟兽散；见先生须作揖，表示敬意。我们虽不以为然，却不去加以攻击，只依老古董相待罢了。

当时青年界激昂慷慨，充满着蓬勃的朝气，似乎都对于中国怀着相当的期待，不像现在的消沉幻灭。庚子事件经过不久，又当日俄战争，风云恶劣，大家都把一切罪恶归诸满人，以为只要把满人推倒，国事就有希望了。《新民丛报》、《浙江潮》等杂志大受青年界的欢迎，报纸上的社论也大被注意阅读。那时恋爱尚未成为青年间的问题，出路的关心也不如现在的急切（因为读书人本来不大讲究出路），三四朋友聚谈，动辄就把话题移到革命上去，而所谓革命者，内容就只是排满，并没有现在的复杂。见了留学生从日本回来没有辫子，恨不得也去留学，可以把辫子剪去（当时普通人是不许剪辫子的）。见了花翎颜色顶子的官吏，就暗中憎恶，以为这是奴隶的装束。卢梭、罗兰夫人、马志尼等，都因了《新民丛报》的介绍，在我们的心胸里成了令人神往的理想人物。罗兰夫人的"自由，自由！天下几多罪恶假汝之名以行！"已成了摇笔即来的文章的套语了。

我在这样的空气中过了半年中学生活，第二学期又辍学了。这次辍学并非由于拿不出学费，乃是为了要代替父亲坐馆。父亲在一年来已在家授徒了，一则因邻近有许多小孩子要请人教书，二则父亲嫌家里房屋太大，住了太寂寞，于是在家里设起书塾来。来读的是几个族里与邻家的小孩。中途忽然有一位朋友要找父亲去替他帮忙，为了友谊与家计，都非去不可。书馆是不能中途解散的，家里又无男子，很不放心，于是就叫我辍学代庖。功课当然是我所教得来的。学生不多，时间很有余暇，于是一壁教书，一壁仍行自修。家里人颇思叫我永继父职，就长此教书下去。本乡小学校新立，也邀我去充教习，但我总觉得于心不甘。

恰好有一个亲戚的长辈从日本留学法政回来，说日本如何如何地好，求学如何如何地便利。我对于日本留学梦想已久了，听了他的话，心乃愈动。父母并不大反对，只是经费无着，乃遍访亲友借贷，很费力地集了五百元，冒险赴日。

当时赴日留学成为一种风气。东京有一个宏文学院，就是专为中国留学生办的，普通科二年毕业，除教日语外，兼教中学课程。凡想进专门以上的学校的，大概都在那里预备。我因学费不足两年的用度，乃于最初数月请一日本人专教日文，中途插入宏文学院普通科去。总算我的自修有效，英算各科居然尚能衔接赶上。在那里将毕业的前二三月，东京高等工业学校招考了，我不待毕业就去跨考，结果幸而被录取。当时规定，入了官立专门学校就有官费的，而浙江因人多不能照办。我入高工后快将一年，就领不到官费，家中已为我负债不少，结果乃又不得不中途辍学回国，谋职糊口。我的中学时代就此结束了，那年我二十一岁。

总计我的中学时代，经过许多的周折，东补西凑，断续不成片断。我为了修得区区的中学课程，曾经过不少磨难，空费过长期的光阴。这种困苦的经验，当时不但我个人有过，实可谓是一般的情形。现在的中学生在这点上真足羡艳，真是幸福。

（《中学生》第十六号，一九三一年六月）

第一编　自　述

光复杂忆

　　武汉起义以后，各省纷纷响应，大都"兵不血刃"就转了向了。我们浙江的改换五色旗是十一月五日。那时我在杭州，事前曾有风声说就要发动。四日夜里尚毫不觉得有什么，次晨起来，知道已光复了，抚台已逃走。光复的痕迹，看得见的只有抚台衙门的焚烧的余烬，墙上贴着的都督汤寿潜的告示，和警察袖上缠着的白布条。街上的光景和旧历元旦很相像，商店大半把门闭着，行人很稀少。

　　一时流行的是剪辫，青年们都成了和尚。因为一向梳辫的缘故，梳的方向与发的本来方向不同，剃去以后每人头上有着白白的一圈，当时有一个名字，叫做奴隶圈。这时候最出风头的不消说是本来剪了发的留学生了。一般青年都恨不得头发快长起，掠成"西发"。老成拘谨些的人不敢就剪辫，或剪去一截，变成鸭屁股式。乡下农民最恋恋于辫发，有一时，警察手中拿了剪刀，硬要替行人剪发，结果乡下人不敢上城市来了。有的把辫子盘起来藏在帽里，可笑的事情不少。

当时尚未发明标语的宣传法，大家只在日用文件上表示些新气象。最初用黄帝纪元，第二年才称民国元年。在文字的写法上有好些变化，革命军的"军"大家都写作"軍"，"民"字写作"民"，据说是革命军与人民出了头的意思。"國"字须写作"囻"，据说是共和国以人民为主体的意思。这风气直至民国四五年袁世凯要称帝时还存在着。朋友×君曾以"國"字为谜底作一灯谜云："有的说是民意，有的说是王心，不知这圈圈内是什么人。""國"字旧略写作"国"。×君的灯谜是暗射当时的时事的。

"现在是民国时代了，什么花样都玩得出来！如果在前清是……"光复后不到几年，常从顽固的老年人口中听到这样的叹息。记得在光复当时，人心是非常兴奋的。一般人，尤其是青年，都认中国的衰弱，罪在满洲政府的腐败，只要满洲人一倒，就什么都有办法。辫子初剪去的时候，我们青年朋友间都互相策励，存心做一个新国民，对时代抱着很大的希望。就我个人说，也许是年龄上的关系吧，当时的心情比十六年欢迎党军莅境似乎兴奋得多。宋教仁的被暗杀，记得是我幼稚素朴的心上第一次所感到的幻灭。

光复初年的双十节不像现在的冷淡，各地都有热烈的庆祝。我在杭州曾参加过全城学界提灯会，提了"国庆纪念"的高灯，沿途去喊"中华民国万岁！"自六时起至十时才停脚，脚底走起了泡。这泡后来成了两个茧，至今还在我脚上。

（《中学生》第三十八号，一九三三年十月）

第一编 自述

我之于书

二十年来，我生活费中至少十分之一二是消耗在书上的。我的房子里比较贵重的东西就是书。

我一向没有对于任何问题作高深研究的野心，因之所买的书范围较广，宗教、艺术、文学、社会、哲学、历史、生物，各方面差不多都有一点。最多的是各国文学名著的译本，与本国古来的诗文集，别的门类只是些概论等类的入门书而已。

我不喜欢向别人或图书馆借书。借来的书，在我好像过不来瘾似的，必要是自己买的才满足。这也可谓是一种占有的欲望。买到了几册新书，一册一册地加盖藏书印记，我最感到快悦的是这时候。

书籍到了我的手里，我的习惯是先看序文，次看目录。页数不多的往往立刻通读，篇幅大的，只把正文任择一二章节略加翻阅，就插在书架上。除小说外，我少有全体读完的大部的书，只凭了购入当时的记忆，知道某册书是何种性质，其中大概有些什么可取的材料而已。什么书在什么时候再去读再去翻，连我自己也无把握，完全要看一个时期一个时期的兴趣。关于这事，我常自比为古时的皇帝，而把插在架上的书譬诸列屋而居的宫女。

我虽爱买书，而对于书却不甚爱惜。读书的时候，常在书上把我所认为要紧的处所标出。线装书大概用笔加圈，洋装书竟用红铅笔划粗粗的线。经我看过的书，统体干净的很少。

据说，任何爱吃糖果的人，只要叫他到糖果铺中去做事，见了糖果就会生厌。自我入书店以后，对于书的贪念也已消除了不少了，可是仍不免要故态复萌，想买这种，想买那种。这大概因为糖果要用嘴去吃，摆存毫无意义，而书则可以买了不看，任其只管插在架上的缘故吧。

（《中学生》第三十九号，一九三三年十一月）

第一编 自述

白马湖之冬

在我过去四十余年的生涯中，冬的情味尝得最深刻的，要算十年前初移居白马湖的时候了。十年以来，白马湖已成了一个小村落，当我移居的时候，还是一片荒野。春晖中学的新建筑巍然矗立于湖的那一面，湖的这一面的山脚下是小小的几间新平屋，住着我和刘君心如两家。此外两三里内没有人烟。一家人于阴历十一月下旬从热闹的杭州移居这荒凉的山野，宛如投身于极带中。

那里的风，差不多日日有的，呼呼作响，好像虎吼。屋宇虽系新建，构造却极粗率，风从门窗隙缝中来，分外尖削，把门缝窗隙厚厚地用纸糊了，椽缝中却仍有透入。风刮得厉害的时候，天未夜就把大门关上，全家吃毕夜饭即睡入被窝里，静听寒风的怒号，湖水的澎湃。靠山的小后轩，算是我的书斋，在全屋子中风最少的一间，我常把头上的罗宋帽拉得低低地，在洋灯下工作至夜深。松涛如吼，霜月当窗，饥鼠吱吱在承尘上奔窜。我于这种时候深感到萧瑟的诗趣，常独自拨划着炉灰，不肯就睡，把自己拟诸山水画中的人物，作种种幽邈的遐想。

现在白马湖到处都是树木了，当时尚一株树木都未种。月亮与太阳都是整个儿的，从上山起直要照到下山为止。太阳好的时候，只要不刮风，那真和暖得不像冬天。一家人都坐在庭间曝日，甚至于吃午饭也在屋外，像夏天的晚饭一样。日光晒到哪里，就把椅凳移到哪里，忽然寒风来了，只好逃难似的各自带了椅凳逃入室中，急急把门关上。在平常的日子，风来大概在下午快要傍晚的时候，半夜即息。至于大风寒，那是整日夜狂吼，要二三日才止的。最严寒的几天，泥地看去惨白如水门汀，山色冻得发紫而黯，湖波泛深蓝色。

下雪原是我所不憎厌的，下雪的日子，室内分外明亮，晚上差不多不用燃灯。远山积雪足供半个月的观看，举头即可从窗中望见。可是究竟是南方，每冬下雪不过一二次。我在那里所日常领略的冬的情味，几乎都从风来。白马湖所以多风，可以说有着地理上的原因。那里环湖都是山，而北首却有一个半里阔的空隙，好似故意张了袋口欢迎风来的样子。白马湖的山水和普通的风景地相差不远，唯有风却与别的地方不同。风的多和大，凡是到过那里的人都知道的。风在冬季的感觉中，自古占着重要的因素，而白马湖的风尤其特别。

现在，一家傸居上海多日了，偶然于夜深人静时听到风声，大家就要提起白马湖来。说"白马湖不知今夜又刮得怎样厉害哩！"

（刊《中学生》第四十号，一九三三年十二月）

紧张气氛的回忆

前后约二十年的中学教师生活中，回忆起来自己觉得最像教师生活的，要算在××省×校担任舍监，和学生晨夕相共约七八年，尤其是最初的一二年。至于其余只任教课或在几校兼课的几年，跑来跑去简直松懈得近于帮闲。

我的最初担任舍监是自告奋勇的，其时是民国元年。那时学校习惯把人员截然划分为教员与职员两种，教书的是教员，管事务的是职员，教员只管自己教书，管理学生被认为是职员的责任。饭厅闹翻了，或是寄宿舍里出了什么乱子了，做教员的即使看见了，照例可"顾而之他"或袖手旁观，把责任委诸职员身上。而所谓职员者又有在事务所的与在寄宿舍的之分，各不相关。舍监一职，待遇甚低，其地位力量易为学生所轻视。狡黠的学生竟胆敢和舍监先生开玩笑，有时用粉笔在他的马褂上偷偷地画乌龟，或乘其不意把草圈套在他的瓜皮帽结子上。至于被学生赶跑，是不足为奇的。舍监在当时是一个屈辱的位置，做舍监的怕学生，对学生要讲感情。只要大家说"×先生和学生感情很好"，这就是漂亮的舍监。

有一次，×校舍监因为受不过学生的气，向校长辞职了，一时找不到相当的替人。我在×校教书，颇不满于这种情形，遂向校长自荐，去兼充了这个屈辱的职位。这职位的月薪记得当时是三十元。

我有一个朋友在第×中学做教员，因在风潮中被学生打了一记耳光，辞职后就抑郁病死了。我任舍监和这事的发生没有多日，心情激昂得很，以为真正要做教育事业须不怕打，或者竟须拚死，所以就职之初就抱定了硬干的决心：非校长免职或自觉不能胜任时决不走，不怕挨打，凡事讲合理与否，不讲感情。

×校有学生四百多人，其中年龄最大的和我相去只几岁。我在×校虽担任功课有年，实际只教一二班，差不多有十分之七八是不相识的。当时轻视舍监已成了风气，我新充舍监，最初曾受到种种的试炼。因为我是抱了不顾一切的决心去的，什么都不计较，凡事皆用坦率强硬的态度去对付，决不迁就。在饭厅中，如有学生远远地发出"嘘嘘"的鼓动风潮的暗号，我就立在凳子上去注视发"嘘嘘"之声的是谁。饭厅风潮要发动了，我就对学生说："你们试闹吧，我不怕。看你们闹出什么来。"人丛中有人喊"打"了，我就大胆地回答说："我不怕打，你来打吧。"学生无故请假外出，我必死不答应，宁愿与之争论一二小时才止。每晨起床铃一摇，我就到斋舍里去视察，如有睡着未起者，一一叫起。夜间在规定的自修时间内，如有人在喧扰，就去干涉制止，熄灯以后见有私点洋烛者，立刻赶进去把洋烛没收。我

第一编　自述

不记学生的过，有事不去告诉校长，只是自己用一张嘴和一副神情去直接应付。每日起得甚早，睡得甚迟，最初几天向教务处取了全体学生的相片来，一叠叠地摆在案上，像打扑克或认方块字似的一一翻动，以期认识学生的面貌名字及其年龄籍贯学历等等。

我在那时颇努力于自己的修养，读教育的论著，翻宋元明的性理书类，又搜集了许多关于青年的研究的东西来读。非星期日不出校门，除在教室授课的时间外，全部埋身于自己读书与对付学生之中。自己俨然以教育界的志士自期，而学生之间却与我以各种各样的绰号，据我所知道的，先后有"阎罗"、"鬼王"、"戆大"、"木瓜"几个，此外也许还有更不好听的，可是我不知道了。

我做舍监原是预备去挨打与拚命的，结果却并未遇到什么，一连做了七八年。到后来什么都很顺手，差不多可以"无为卧治"了。事隔多年，新就职时那种紧张的气氛，至今回忆起来还能大概在心中复现。遇到老学生们也常会大家谈起当时的旧事来，相对共笑。

（《中学生》第四十二号，一九三四年二月）

中年人的寂寞

　　我已是一个中年的人。一到中年，就有许多不愉快的现象，眼睛昏花了，记忆力减退了，头发开始秃脱而且变白了，意兴、体力，什么都不如年青的时候，常不禁会感觉到难以名言的寂寞的情味。尤其觉得难堪的是知友的逐渐减少和疏远，缺乏交际上的温暖的慰藉。

　　不消说，相识的人数是随了年龄增加的，一个人年龄越大，走过的地方当过的职务越多，相识的人理该越增加了。可是相识的人并不就是朋友。我们和许多人相识，或是因了事务关系，或是因了偶然的机缘——如在别人请客的时候同席吃过饭之类。见面时点头或握手，有事时走访或通信，口头上彼此也称"朋友"，笔头上有时或称"仁兄"，诸如此类，其实只是一种社交上的客套，和"顿首"、"百拜"同是仪式的虚伪。这种交际可以说是社交，和真正的友谊相差似乎很远。

　　真正的朋友，恐怕要算"总角之交"或"竹马之交"了。在小学和中学的时代容易结成真实的友谊，那时彼此尚不感到生活的压迫，入世未深，打算计较的念头也少，朋友的结成全由于志趣相近或性情适合，差不多可以说是"无所为"的，性质比较地纯粹。二十岁以后结成的友谊，大概已不免搀有各种各样的颜色分子在内；至于三十岁四十岁以后的朋友中间，颜色分子愈多，友谊的真实成分也就不免因而愈少了。这并不一定是"人心不古"，实可以说是人生的悲剧。人到了成年以后，彼此都有生活的重担须负，入世既深，顾忌的方面也自然加多起来，在交际上不许你不计较，不许你不打算，结果彼此都"钩心斗角"，像七巧板似的只选定了某一方面和对方去接合。这样的接合当然是很不坚固的，尤其是现代这样什么都到了尖锐化的时代。

在我自己的交游中，最值得系念的老是一些少年时代以来的朋友。这些朋友本来数目就不多，有些住在远地，连相会的机会也不可多得。他们有的年龄大过了我，有的小我几岁，都是中年以上的人了，平日各人所走的方向不同，思想趣味境遇也都不免互异，大家晤谈起来，也常会遇到说不出的隔膜的情形。如大家话旧，旧事是彼此共喻的，而且大半都是少年时代的事，"旧游如梦"，把梦也似的过去的少年时代重提，因谈话的进行，同时会联想起许多当时的事情，许多当时的人的面影，这时好像自己仍回归到少年时代去了。我常在这种时候感到一种快乐，同时也感到一种伤感，那情形好比老妇人突然在抽屉里或箱子里发见了她盛年时的影片。

逢到和旧友谈话，就不知不觉地把话题转到旧事上去，这是我的习惯。我在这上面无意识地会感到一种温暖的慰藉。可是这些旧友一年比一年减少了，本来只是屈指可数的几个，少去一个是无法弥补的。我每当听到一个旧友死去的消息，总要惆怅多时。

学校教育给我们的好处不但只是灌输知识，最大的好处恐怕还在给与我们求友的机会上。这好处我到了离学校以后才知道，这几年来更确切地体会到，深悔当时毫不自觉，马马虎虎地过去了。近来每日早晚在路上见到两两三三的携着书包、携了手或挽了肩膀走着的青年学生，我总艳羡他们有朋友之乐，暗暗地要在心中替他们祝福。

（《中学生》第四十九号，一九三四年十一月）

两个家

　　"呀，你几时出来的？夫人和孩子们也都来了吗？前星期我打电话到公司去找你，才知道你因老太太的病，忽然变卦，又赶回去了，隔了一日，就接到你寄来的报丧条子。你今年总算够受苦了，从五月初上你老太太生病起，匆匆地回去，匆匆地出来，据我知道的就有四五次。这样大旱的天气，而且又带了家眷和小孩，光只川费一项也就可观了吧。"

　　"唉，真是一言难尽！这回赶得着送老太太的终，几次奔波还算是有意义的。"

　　"老太太的后事，想大致舒齐了吧。"

　　"哪里！到了乡间，就有乡间的排场，回神咧，二七咧，五七咧，七七咧，都非有举动不可。我想不举动，亲戚本家都不答应。这次头七出殡，间壁的二伯父就不以为然，说不该如是草草。家里事情正多哩，公司里好几次写快信来催。我只好把家眷留在家里，独自先来，隔几天再赶回去。"

"那么还要奔波好几趟呢。唉！象我们这样在故乡有老家的人，不好吃都市饭，最好是回去捏锄头。我们现在都有两个家，一个家在都市里，是亭子间或是客堂楼、厢房间，住着的是自己夫妇和男女。一个家在故乡，是几开间几进的房子，住着的是年老的祖父祖母，父母和未成年弟妹。因为家有两个的缘故，就有许多无谓的苦痛要受。象你这回的奔波，就是其中之一啊。"

　　"奔波还是小事，我心里最不安的，是没有好好地尽过服侍的责任。老太太病了这几个月，我在她床边的日子合计起来不满一个星期。在公司里每日盼望家信，也何尝不刻刻把心放在她身上，可是于她有什么用呢？"

　　"这就是家有两个的矛盾了。我们同常不知因此而发生多少的矛盾。譬如说：我和你是亲戚，照礼，老太太病了，我应该去探望，故了，应该去送殓送殡，可是我都无法去尽这种礼。又譬如说：上坟扫墓是我们中国的牢不可破的旧礼法，一个坟头如果每年没有子孙去祭扫，就连坟头都要被人看不起的。我已有好几年不去扫墓了。去年也曾想去，终于因为离不开身，没有去成。我把家眷搬到都市里已十多年了，最初搬家的原因是因为没有饭吃，办事的地方没有屋住。当时我父母还在世，也赞同我把妻儿带在身边住，不过背后不免有'养儿子是假的'的叹息。我也曾屡次想接老父老母出来同居，一则因为都市里房价太贵，负担不起，而且都市的房子也不适宜于老年人居住，二则因为家里有许多房子和东西，也不好弃了不管，终于没有实行。迁延复迁延，过了几年，本来有子有孙的老父老母先后都在寂寞的乡居生活中故世了。你现在的情形，和我当日一样。"

"老太太在日，我每年总要带了妻儿回去一次。她见我们回去就非常快乐，足见我们不在她身边的时候是寂寞不快的。现在老太太死了，我越想越觉得难过。"

"象我们这种人，原不是孝子，即使想做孝子，也不能够。如果用了'晨昏定省'、'汤药亲尝'等等的形式规矩来责备，我们都犯了不孝之罪。岂但孝呢，悌也无法实行。我常想，中国从前的一切习惯制度都是农业社会的产物，我们生活在近代工商社会的人，要如法奉行是很困难的。大家以农为业，父母子女兄弟天天在一处过活，对父母可以晨昏定省，可以汤药亲尝，对兄弟可以出入必同行，对长者可以有事服其劳，扫墓不必花川资，向公司告假。如果是士大夫，那么有一定的年俸，父母死了还可以三年不做事，一心住在家里读礼守制。可是我们已经不能一一照做。一方面这种农业社会的习惯制度，还遗存着势力，如果不照做，别人可以责备，自己有时也觉得过不去。矛盾，苦痛，就从此发生了。"

"你说得对！我们现在有两个家，在都市里的家是工商社会性质的，在故乡的家是农业社会性质的。我在故乡的家还是新屋，是父亲去世前一年造的。父亲自己是个商人，我出了学校他又不叫我学种田，不知为什么要花了许多钱在乡间造那么大的房子。如果当时造在都市里，那么就是小小的一二间也好，至少我可以和老太太住在一处，不必再住那样狭隘的客堂楼了。"

"我家里的房子是祖父造的，祖父也不曾种田。——过去的事，有什么可说的呢？现在不是还有许多人从都市里发了财，在故乡造大房子吗？由社会的矛盾而来的苦痛，是各方面都受到的，并非一方受了苦痛，一方会得什么利益。你因觉得到对老太太未曾尽孝养之道，心里不安，老太太病中见了你因她的病几次奔波回去，心里也不会爽快吧。你住在都市中的客堂楼上嫌憎不舒服，而老太太死后，那所巨大的空房子恐怕也处置很困难吧。这都是社会的矛盾。我们生在这过渡时代，恰如处在夹墙之中，到处都免不掉要碰壁的。"

"老太太死后，我一时颇想把房子出卖。一则恐怕乡间没有人会承受，凡是买得起这样房子的人自己本有房子，而且也是空着在那里。一则对于上代也觉得过意不去，父亲造这房子颇费了心血，老太太才故世，我就把它卖了，似乎于心不忍。"

"这就是所谓矛盾了。要卖房子，没有人会买；想卖，又觉得于心不忍。这不是矛盾的是什么？"

"那么你以为该怎么办？"

"我也不知道怎么办才好。你知道我自己也不会把故乡的房子卖去，我只说这是矛盾而已。感到这种矛盾的苦痛的人，恐不止你我吧。"

（《中学生》第五十号，一九三四年十二月）

试 炼

　　搬家到这里来以后，才知道附近有两所屠场。一所是大规模的西洋建筑，离我所住地方较远，据说所屠杀的大部分是牛。偶尔经过那地方，除有时在近旁见到一车一车的血淋淋的牛肉或带毛的牛皮外，听不到什么恶声，也闻不到什么恶臭。还有一所是旧式的棚屋，所屠杀的大部分是猪。棚屋对河一条路是我出去回来常要经过的，白天看见一群群的猪被拷押着走过，闻着一股臭气，晚间听到凄惨的叫声。

　　我尚未戒肉食，平日吃牛肉，也吃猪肉，但见到血淋淋的整车的新从屠场运出来的牛体，听到一阵阵的猪的绝命时的惨叫，总觉得有些难当。牛肉车不是日日碰到的，有时远远地见到了就俯下了头管自己走路让它通过，至于猪的惨叫是所谓"夜半屠门声"，发作必在夜静人定以后。我日里有板定的工作，探访酬酢及私务处理都必在夜间，平均一星期有三四日不在家里吃夜饭，回家来往往要到十点至十一点模样。有时坐洋车，有时乘电车到附近下车再步行，总之都不免听到这夜半的屠门声。

在离那儿数十步的地方已隐隐听到猪叫了。同时有好几只猪在叫，突然来一个尖利的曳长的声音，这不消说是一只猪绝命了的表出。不多时继续地又是这么尖利的一声。我坐在洋车上不禁要用手掩住耳朵，步行时总是疾速快走，但愿这声音快些离开我的听觉范围，不敢再去联想什么，想象什么。到了听不见声音的地方才把心放下，那情形宛如从恶梦里醒来一样。

为要避免这苦痛，我曾想减少夜间出外的次数，或到九点钟模样就回家来。可是事实常不许这样。尤其是废历年关的几天，我外出的机会更多了，屠场的屠杀也愈增加了，甚至于白天经过，也要听到悲惨的叫声。

"世界是这样，消极地逃避是不可能的。你方才不是吃了猪肉吗？那么为什么听到了杀猪就如此害怕？古来有志的名人为了要锻炼胆力，曾有故意到刑场去看行刑的事。现在到处有天灾人祸，世界大战又危机日迫，你如果连杀猪都要害怕，将来到了流血成河、杀人盈野的时候怎样？要改革现社会，就得先有和现社会罪恶对面的勇气。你如果能把猪的绝命的叫声老实谛听，或实地去参观杀猪的情形，也许因此会发起真正的慈悲心来，废止肉食。假惺惺的行为，毕竟只是对自己的欺骗，不是好汉的气概！"有一天，在亲戚家里吃了年夜饭回来，我曾这样地在电车中自语。

下了电车，走近河边，照例就隐约地有猪叫声到耳朵里来了。棚屋中的灯光隔河望去特别地亮，还夹入着热蓬蓬的烟雾。我抱了方才的决心步行着故意去听，总觉得有些难耐。及接连听到那几声尖利的惨叫，不由自主地又把两耳掩住了。

（《中学生》第五十三号，一九三五年三月）

第一编 自述

早老者的忏悔

朋友间谈话，近来最多谈及的是关于身体的事。不管是三十岁的朋友，四十岁的朋友，都说身体应付不过各自的工作，自己照起镜子来，看到年龄以上的老态，彼此感慨万分。

我今年五十，在朋友中原比较老大，可是自己觉得体力减退已好多年了。三十五六岁以后，我就感到身体一年不如一年，工作起不得劲，只是恹恹地勉强挨，几乎无时不觉得疲劳，什么都觉得厌倦。这情形一直到如今。十年以前，我还只四十岁，不知道我年龄的都说我是五十岁光景的人，近来居然有许多人叫我"老先生"。论年龄，五十岁的人应该还大有可为，古今中外，尽有活到了七十八十，元气很盛的。可是我却已经老了，而且早已老了。

因为身体不好，关心到一般体育上的事情，对于早年自己的学校生活，发见一个重大的罪过。现在的身体不好，可以说是当然的报应。这罪过是什么？就是看不起体操教师。

体操教师的被蔑视，似乎在现在也是普遍现象。这是有着历史关系的。我自己就是一个历史的人物。三十年前，中国初兴学校，学校制度不象现在的完整。我是弃了八股文进学校的，所进的学校先后有好几个，程度等于现在的中学。当时学生都是所谓"读书人"，童生秀才都有，年龄大的可三十岁，小的可十五六岁，我算是比较年轻的一个。那时学校教育虽号称"德育智育体育并重"，可是学生所注重的是"智育"，学校所注重的也是"智育"，"德育"和"体育"只居附属的地位。在全校的教师之中，最被重视的是英文教师，次之是算学教师，格致（理化博物之总名）教师，最被蔑视的是修身教师，体操教师。大家把修身教师认作迂腐的道学家，把体操教师认作卖艺打拳的江湖家。修身教师大概是国文教师兼的。体操教师的薪水在教师中最低，往往不及英文教师的半数。

那时学校新设，各科教师都并无一定的资格，不象现在有大学或专门科毕业生。国文教师，历史教师，由秀才举人中挑选；英文教师大概向上海聘请，圣约翰书院（现在改称大学，当时也叫梵王渡）出身的曾大出过风头；算学、格致教师也都是把教会学校的未毕业生拉来充数：论起资格来，实在薄弱得很。尤其是体操教师，他们不是三个月或半年的速成科出身，就是曾经在任何学校住过几年的三脚猫。那时一面有学校，一面还有科举，大家把学校教育当作科举的准备。体操一科，对于科举是全然无关的，又不象现在学校的有竞技选手之类的名目，谁也不去加以注重。在体操时间，有的请假，有的立在操场上看教师玩把戏，自己敷衍了事。体操教师对于所教的功课似乎也并无何等的自信与理论，只是今日球类，明日棍棒，轮番着变换花样，想以趣味来维系人心，可是学生老不去睬他。

蔑视体操科，看不起体操教师，是那时的习惯。这习惯在我竟一直延长下去。我敢自己报告，我在以后近十年的学生生活中，不曾用心操过一次的体操，也不曾对于某一位体操教师抱过尊敬之念。换一句话说，我在学生时代不信"一二三四"等类的动作和习惯会有益于自己后来的健康。我只觉得"一二三四"等类的动作干燥无味。

朋友之中，有每日早晨在床上作二十分钟操的，有每日临睡操八段锦的，据说持久做会有效果，劝我也试试。他们的身体确比我好得多，我也已经从种种体验上知道运动的要义不在趣味而在继续持久，养成习惯。可是因为一向对于上面这些厌憎，终于立不住自己的决心，起不成头，一任身体一日不如一日。

我们所过的是都市的工商生活，房子是鸽笼，业务头绪纷繁，走路得刻刻留心，应酬上饮食容易过度，感官日夜不绝地受到刺激，睡眠是长年不足的，事业上的忧虑，生活上的烦闷，是没有一刻忘怀的。这样的生活当然会使人早老早死。除了捏锄头的农夫以外，却无法不营这样的生活，这是事实。积极的自救法，唯有补充体力，及早预备好了身体来。

"如果我在学生时代不那样蔑视体操科，对于体操教师不那样看他们不起，多少听受他们的教诲，也许……"我每当顾念自己的身体现状时，常这样暗暗叹息。

（《中学生》第五十八号，一九三五年十月）

我与《平屋杂文》
——《平屋杂文》自序

　　把所写的文字收集了一部分付印成书，叫作《平屋杂文》。

　　自从祖宅出卖以后，我就没有自己的屋住。白马湖几间小平屋的造成，在我要算是一生值得纪念的大事。集中所收的文字，大多数并不是在平屋里写的，却差不多都是平屋造成以后的东西，最早的在民国十年，正是平屋造成的那一年。就文字的性质看，有评论，有小说，有随笔，每种分量既少，而且都不三不四得可以，评论不象评论，小说不象小说，随笔不象随笔。近来有人新造一个"杂文"的名词，把不三不四的东西叫作杂文，我觉得我的文字正配叫杂文，所以就定了这个书名。

　　我对于文学，的确如赵景深先生在《立报·言林》上所说"不大努力"。我自认不配做文人，写的东西既不多，而且并不自己记忆保存。这回的结集起来付印，全出于几个朋友的怂恿。朋友之中怂恿最力的要算郑振铎先生，他在这一年来，几乎每次见到就谈起出集子的事。

第一编　自述

　　长女吉子，是平日关心我的文字的。她曾预备替我做收集的工作，不幸今年夏天竟病亡，不及从她父亲的文集里再读她父亲的文字了！

　　（《平屋杂文》开明书店版，一九三五年十二月）

夏丏尊致夏满子①

阿满：

　　年内得本埠转寄一信，曾作复寄乐山，不料你们已迁成都了。我今年仍教书，薪水加二成，得一百廿元，另外又收了三个学生，每周上门来两次，得卅元，每个月共百五十元。这数目虽小，在战后要算破纪录了。上海米已涨至百四十元一石，真是惊恐，饿死者不知将有多少人。

　　阿龙②在市场上学做"抢帽子"③生意，经验未足，无大把握。据说零用可以出产的。我也管不得许多，只好让他去瞎碰。秋云④仍被阻在此，有机会时想冒险漂海回去，

---

① 夏满子：夏丏尊的幼女，抗战爆发后随叶圣陶一家人流亡到四川，抗战胜利后回到上海。

② 阿龙：夏采文，夏丏尊之子。

③ "抢帽子"生意——股市里短线挣钱的一种手法。

④ 秋云：金秋云，夏丏尊的长媳，浙江潜江人，一直留守在白马湖。

也只好再看情形。母亲①今年六十岁了，天气好时，当去拍一张照片（生日是六月十二）将来一定给你一张。她操作如常，尚能自解。

四川米价，传说不一，究竟合市斗每石要多少？上海洋米价八十五六元，本国米百余元。川闻要二十多元，确否？

前回由香港转之包裹，想尚未收到，如果真失去了，又是一件懊恼的事。小墨②想已就职，但愿人地相合，工作有兴趣。便时叫他把就职后的情况写来告诉我们。沪寓大小均安好，勿念。

祝好。

丏尊

（一九四一年）二月廿日夜

---

① 此信写于1941年。夏先生生于1886年，夫人金氏长先生4岁，为1882年生。那时习惯算虚岁，金氏1941年应为60岁。
② 小墨：即夏满子的丈夫叶至善，叶圣陶的长子。

寄　意

　　我是《中学生》创办人之一，从创刊号至七十六期
止，始终主持着编辑等社务。所以在我，本志好比一个亲
自生育、亲手养大的儿女。

　　一九三七年"八一三"战事起后不多日，在校印中的
本志七十七期随同上海梧州路开明书店总厂化为灰烬。嗣
后社中同人流离星散，本志也就在上海失去了踪影。

　　两年以后，我在上海闻知开明同人已在内地取得联
络，获得据点，本志也由原编辑人叶圣陶先生主持复刊
了。这消息很使我快慰，好比闻知战乱中失散的儿女在他
乡无恙一般。——实际上，我真有一个女儿随叶圣陶先生一
家辗转流亡到了内地的。从此以后，遇到从内地来的人，
就打听本志在内地的情形。两地相隔遥远，邮信或断或
续，印刷品寄递尤不容易。偶然从来信中得到剪寄的本志
文字一二篇，就同远人的照片一样，形影虽然模糊，也值
得珍重相看。

　　直至胜利到来，才见到整册的复刊本志若干期。嗣

后逐期将在上海重印出版。上海不见本志，已有八个多年头，一般在上海的老读者见了不知将怎样高兴。

我曾为本志写过许多稿子。可是在内地复刊以后，因为邮递不便，和个人生活不安，心情苦闷等种种原因，效力之处很少。记得只寄过一篇译稿。我的名字已和读者生疏了。从今以后，愿继续为本志执笔。近来我正病着，如果健康允许的话，一定要多写些值得给读者看的东西。

（《中学生》第一百七十一期，一九四六年一月）

夏丏尊

第二编

人物与交游

自

述

不可思议的缘

——《子恺漫画》序

　　新近因了某种因缘，和方外友弘一和尚（在家时姓李，字叔同）聚居了好几日。和尚未出家时，曾是国内艺术界的先辈，披剃以后专心念佛，见人也但劝念佛，不消说，艺术上的话是不谈起了的。可是我在这几日的观察中，却深深地受到了艺术的刺激。

　　他这次从温州来宁波，原预备到了南京再往安徽九华山去的。因为江浙开战，交通有阻，就在宁波暂止，挂褡于七塔寺。我得知就去望他。云水堂中住着四五十个游方僧。铺有两层，是统舱式的。他住在下层，见了我笑容招呼，和我在廊下板凳上坐了，说：

　　"到宁波三日了，前两日是住在某某旅馆（小旅馆）里的。"

　　"那家旅馆不十分清爽吧。"我说。

　　"很好！臭虫也不多，不过两三只。主人待我非常客气呢！"

　　他又和我说了些在轮船统舱中茶房怎样待他和善，在此地挂褡怎样舒服等等的话。

我惘然了，继而邀他明日同往白马湖去小住几日。他初说再看机会，及我坚请，他也就欣然答应。

行李很是简单，铺盖竟是用破席子包的。到了白马湖，在春社里替他打扫了房间，他就自己打开铺盖，先把那破席子珍重地铺在床上，摊开了被，把衣服卷了几件作枕。再拿出黑而且破得不堪的毛巾走到湖边洗面去。

"这手巾太破了，替你换一条好吗？"我忍不住了。

"哪里！还好用的，和新的也差不多。"他把那破手巾珍重地张开来给我看，表示还不十分破旧。

他是过午不食的。第二日未到午，我送了饭和两碗素菜去（他坚说只要一碗的，我勉强再加了一碗），在旁坐了陪他。碗里所有的原只是些萝卜白菜之类，可是在他却几乎是要变色而作的盛馔，喜悦地把饭划入口里，郑重地用筷夹起一块萝卜来的那种了不得的神情，我见了几乎要流下欢喜惭愧之泪了！

第二日，有另一位朋友送了四样菜来斋他，我也同席。其中有一碗咸得非常，我说：

"这太咸了！"

"好的！咸的也有咸的滋味，也好的！"

我家和他寄寓的春社相隔有一段路。第三日，他说饭不必送去，可以自己来吃，且笑说乞食是出家人的本能。

"那么逢天雨仍替你送去吧。"

"不要紧！天雨，我有木屐哩！"他说出木屐二字时，神情上竟俨然是一种了不得的法宝。我总还有些不安。他又说：

"每日走些路，也是一种很好的运动。"

我也就无法反对了。

在他，世间竟没有不好的东西，一切都好，小旅馆好，统舱好，挂褡好，破席子好，破旧的手巾好，白菜好，萝卜好，咸苦的蔬菜好，跑路好，什么都有味，什么都了不得。

这是何等的风光啊！宗教上的话且不说，琐屑的日常生活到此境界，不是所谓生活的艺术化了吗？人家说他在受苦，我却要说他是享乐。我常见他吃萝卜白菜时那种喜悦的光景，我想：萝卜白菜的全滋味、真滋味，怕要算他才能如实尝到的了。对于一切事物，不为因袭的成见所缚，都还他一个本来面目，如实观照领略，这才是真解脱，真享乐。

艺术的生活原是观照享乐的生活，在这一点上，艺术和宗教实有同一的归趋。凡为实例或成见所束缚，不能把日常生活咀嚼玩味的，都是与艺术无缘的人。真的艺术，不限在诗里，也不限在画里，到处都有，随时可得。能把它捕捉了用文字表现的是诗人，用形及五彩表现的是画家。不会做诗，不会作画，也不要紧，只要对于日常生活有观照玩味的能力，无论如何都能有权去享受艺术之神的恩宠。否则虽自号为诗人画家，仍是俗物。

与和尚数日相聚，深深地感到这点。自怜囫囵吞枣地过了大半生，平日吃饭着衣，何曾尝到过真的滋味！乘船坐车，看山行路，何曾领略到真的情景！虽然愿从今留意，但是去日苦多，又因自幼未曾经过好好的艺术教养，即使自己有这个心，何尝有十分把握！言之怃然！

正怃然间，子恺来要我序他的漫画集。记得子恺的画这类画，实由于我的怂恿。在这三年中，子恺着实画了不少，集中所收的不过数十分之一。其中含有两种性质，一是写古诗词名句的，一是写日常生活的断片的。古诗词名句原是古人观照的的结果，子恺不过再来用画表出一次，至于写日常生活断片的部分，全是子恺自己观照的表现。前者是翻译，后者是创作了。画的好歹且不说，子恺年少于我，对于生活有这样的咀嚼玩味的能力，和我相较，不能不羡子恺是幸福者！

子恺为和尚未出家时画弟子，我序子恺画集，恰因当前所感，并述及了和尚的近事，这是什么不可思议的缘啊！南无阿弥陀佛！

（《文学周报》第一九八期，一九二五年十一月）

鲁迅翁杂忆

我认识鲁迅翁，还在他没有鲁迅的笔名以前。我和他在杭州两级师范学校相识，晨夕相共者好几年，时候是前清宣统年间。那时他名叫周树人，字豫才，学校里大家叫他周先生。

那时两级师范学校有许多功课是聘用日本人为教师的，教师所编的讲义要人翻译一遍，上课的时候也要有人在旁边翻译。我和周先生在那里所担任的就是这翻译的职务。我担任教育学科方面的翻译，周先生担任生物学科方面的翻译。此时，他还兼任着几点钟的生理卫生的教课。

翻译的职务是劳苦而且难以表现自己的，除了用文字语言传达他人的意思以外，并无任何可以显出才能的地方。周先生在学校里却很受学生尊敬，他所译的讲义就很被人称赞。那时白话文尚未流行，古文的风气尚盛，周先生对于古文的造诣，在当时出版不久的《域外小说集》里已经显出。以那样的精美的文字来译动物植物的讲义，在现在看来似乎是浪费，可是在三十年前重视文章的时代，是很受欢迎的。

　　周先生教生理卫生，曾有一次答应了学生的要求，加讲生殖系统。这事在今日学校里似乎也成问题，何况在三十年以前的前清时代。全校师生们都为惊讶，他却坦然地去教了。他只对学生提出一个条件，就是在他讲的时候不许笑。他曾向我们说："在这些时候不许笑是个重要条件。因为讲的人的态度是严肃的，如果有人笑，严肃的空气就破坏了。"大家都佩服他的卓见。据说那回教授的情形果然很好。别班的学生因为没有听到，纷纷向他来讨油印讲义看，他指着剩余的油印讲义对他们说："恐防你们看不懂的，要么，就拿去。"原来他的讲义写得很简，而且还故意用着许多古语，用"也"字表示女阴，用"了"字表示男阴，用"ㄠ"字表示精子，诸如此类，在无文字学素养未曾亲听过讲的人看来，好比一部天书了。这是当时的一段珍闻。

　　周先生那时虽尚年青，丰采和晚年所见者差不多。衣服是向不讲究的，一件廉价的羽纱——当年叫洋官纱——长衫，从端午前就着起，一直要着到重阳。一年之中，足足有半年看见他着洋官纱，这洋官纱在我记忆里很深。民国十五年初秋他从北京到厦门教书去，路过上海，上海的朋友们请他吃饭，他着的依旧是洋官纱。我对了这二十年不见的老朋友，握手以后，不禁提出"洋官纱"的话来。"依旧是洋官纱吗？"我笑说。"呃，还是洋官纱！"他苦笑着回答我。

　　周先生的吸卷烟是那时已有名的。据我所知，他平日吸的都是廉价卷烟，这几年来，我在内山书店时常碰到他，见他所吸的总是金牌、品海牌一类的卷烟。他在杭州的时候，所吸的记得是强盗牌。那时他晚上总睡得很迟，强盗牌香烟，条头糕，这两件是他每夜必需的粮。服侍他的斋夫叫陈福。陈福对于他的任务，有一件就是每晚摇寝铃以前替他买好强盗牌香烟和条头糕。我每夜到他那里去闲谈，到摇寝铃的时候，总见陈福拿进强盗牌和条头糕来，星期六的夜里备得更富足。

周先生每夜看书，是同事中最会熬夜的一个。他那时不做小说，文学书是喜欢读的。我那时初读小说，读的以日本人的东西为多，他赠了我一部《域外小说集》，使我眼界为之一广。我在二十岁以前曾也读过西洋小说的译本，如小仲马、狄更斯诸家的作品，都是从林琴南的译本读到过的。《域外小说集》里所收的是比较近代的作品，而且都是短篇，翻译的态度，文章的风格，都和我以前所读过的不同。这在我是一种新鲜味。自此以后，我于读日本人的东西以外，又搜罗了许多日本人所译的欧美作品来读，知道的方面比较多起来了。他从五四以来，在文字上，思想上，大大地尽过启蒙的努力。我可以说是在三十年前就受他启蒙的一个人，至少在小说的阅读方面。

周先生曾学过医学。当时一般人对于医学的见解，还没有现在的明了，尤其关于尸体解剖等类的话，是很新奇的。闲谈的时候，常有人提到这尸体解剖的题目，请他讲讲"海外奇谈"。他都一一说给他们听。据他说，他曾经解剖过不少的尸体，有老年的、壮年的、男的、女的。依他的经验，最初也曾感到不安，后来就不觉得什么了，不过对于青年的妇人和小孩的尸体，当开始去破坏的时候，常会感到一种可怜不忍的心情。尤其是小孩的尸体，更觉得不好下手，非鼓起了勇气，拿不起解剖刀来。我曾在这些谈话上领略到他的人间味。

周先生很严肃，平时是不大露笑容的，他的笑必在诙谐的时候。他对于官吏似乎特别憎恶，常摹拟官场的习气，引人发笑。现在大家知道的"今天天气……哈哈"一类的摹拟谐谑，那时从他口头已常听到。他在学校里是一个幽默者。

（《文学》第七卷第六期，一九三六年十二月）

我的畏友弘一和尚

　　弘一和尚是我的畏友。他出家前和我相交者近十年，他的一言一行，随在都给我以启诱。出家后对我督教期望尤殷，屡次来信都劝我勿自放逸，归心向善。

　　佛学于我向有兴味，可是信仰的根基迄今远没有建筑成就。平日对于说理的经典，有时感到融会贯通之乐，至于实行修持，未能一一遵行。例如说，我也相信惟心净土，可是对于西方的种种客观的庄严尚未能深信。我也相信因果报应是有的，但对于修道者所宣传的隔世的奇异的果报，还认为近于迷信。关于这事，在和尚初出家的时候，曾和他经过一番讨论。和尚说我执着于"理"，忽略了"事"的一方面，为我说过"事理不二"的法门。我依了他的谆嘱读了好几部经论，仍是格格难入。从此以后，和尚行脚无定，我不敢向他谈及我的心境。他也不来苦相追究，只在他给我的通信上时常见到"衰老浸至，宜及时努力"珍重等泛劝的话而已。

　　自从白马湖有了晚晴山房以后，和尚曾来小住过几次，多年来阔别的旧友复得聚晤的机会。和尚的心境已达到了什么地步，我当然不知道，我的心境却仍是十年前的老样子，牢牢地在故步中封止着。和尚住在山房的时候，我虽曾虔诚地尽护法之劳，送素菜，送饭，对于佛法本身却从未说到。

有一次，和尚将离开山房到温州去了，记得是秋季，天气很好，我邀他乘小舟一览白马湖风景。在船中大家闲谈，话题忽然触到蕅益大师。蕅益名智旭，是和莲池、紫柏、憨山同被称为明代四大师的。和尚于当代僧人则推崇印光，于前代则佩仰智旭，一时曾颜其住室曰旭光室。我对于蕅益，也曾读过他不少的著作。据灵峰宗论上所附的传记，他二十岁以前原是一个竭力谤佛的儒者，后来发心重注《论语》，到《颜渊问仁》一章，不能下笔，于是就出家为僧了。在传下来的书目中，他做和尚以后曾有一部著作叫《四书蕅益解》的，我搜求了多年，终于没有见到。这回和和尚谈来谈去，终于说到了这部书上面。

"《四书蕅益解》前几个月已出版了。有人送我一部，我也曾快读过一次。"和尚说。

"蕅益的出家，据说就为了注'四书'，他注到《颜渊问仁》一章据说不能下笔，这才出家的，《四书蕅益解》里对《颜渊问仁》章不知注着什么话呢？倒要想看看。"我好奇地问。

"我曾翻过一翻，似乎还记得个大概。"

"大意怎样？"我急问。

"你近来怎样，还是惟心净土吗？"和尚笑问。

"……"我不敢说什么，只是点头。

"《颜渊问仁》一章，可分两截看。孔子对于颜渊说：'克己复礼。'只要'克己复礼'本来具有的，不必外求为仁。这是说'仁'是就够了，和你所见到的惟心净土说一样。但是颜渊还要'请问其目'，孔子告诉他'非礼勿视，非礼勿听，非礼勿言，非礼勿动'，这是实行的项目。'克己复礼'是理，'非礼勿视'等等是事。所以颜回下面有'请事斯语矣'的话。理是可以顿悟的，事非脚踏实地去做不行。理和事相应，才是真实工夫，事理本来是不二的。——蕅益注《颜渊问仁》章大概如此吧，我恍惚记得是如此。"和尚含笑滔滔地说。

"啊，原来如此。既然书已出版了，我想去买来看看。"

"不必，我此次到温州去，就把我那部寄给你吧。"

和尚离白马湖不到一星期，就把《四书蕅益解》寄来了，书面上仍用端楷写着"寄赠丏尊居士""弘一"的款识。我急去翻《颜渊问仁》一章。不看犹可，看了不禁"呀"地自叫起来。

原来蕅益在那章书里只在"回虽不敏，请事斯语矣"下面注着"僧再拜"三个字，其余只录白文，并没有说什么，出家前不能下笔的地方，出家后也似乎还是不能下笔。所谓"事理不二"等等的说法，全是和尚针对了我的病根临时为我编的讲义！

和尚对我的劝诱在我是终身不忘的，尤其不能忘怀的是这一段故事。这事离现在已六七年了，至今还深深地记忆着，偶然念到，感着说不出的怅惘。

（《越风》第九期，一九三六年三月三日）

弘一法师之出家

　　今年旧历九月二十日，是弘一法师满六十岁诞辰。佛学书局因为我是他的老友，嘱写些文字以为纪念，我就把他出家的经过加以追叙。他是三十九岁那年夏间披剃的，到现在已整整做了二十一年的僧侣。我这里所述的，也都是二十一年前的旧事。

　　说起来也许会教大家不相信，弘一法师的出家可以说和我有关，没有我，也许不至于出家。关于这层，弘一法师自己也承认。有一次，记得是他出家二三年后的事，他要到新城掩关去了，杭州知友们在银洞巷虎跑寺下院替他饯行，有白衣，有僧人。斋后，他在座间指了我向大家道：

　　"我的出家，大半由于这位夏居士的助缘。此恩永不能忘！"

　　我听了不禁面红耳赤，惭悚无以自容。因为一，我当时自己尚无信仰，以为出家是不幸的事情，至少是受苦的事情。弘一法师出家以后即修种种苦行，我见了常不忍。二，他因我之助缘而出家修行去了，我却竖不起肩膀，仍浮沉在醉生梦死的凡俗之中。所以深深地感到对于他的责任，很是难过。

我和弘一法师[①]相识，是在杭州浙江两级师范学校（后改名浙江第一师范学校）任教的时候。这个学校有一个特别的地方，不轻易更换教职员。我前后担任了十三年，他担任了七年。在这七年中，我们晨夕一堂，相处得很好，他比我长六岁。当时我们已是三十左右的人了，少年名士气息忏除将尽，想在教育上做些实际工夫。我担任舍监职务，兼教修身课，时时感觉对于学生感化力不足。他教的是图画音乐二科，这两种科目，在他未来以前是学生所忽视的，自他任教以后就忽然被重视起来，几乎把全校学生的注意力都牵引过去了。课余但闻琴声歌声，假日常见学生出外写生，这原因一半当然是他对于这二科实力充足，一半也由于他的感化力大。只要提起他的名字，全校师生以及工役没有人不起敬的。他的力量全由诚敬中发出，我只好佩服他，不能学他。举一个实例来说，有一次，寄宿舍里有学生失少了财物了，大家猜测是某一个学生偷的，检查起来却没有得到证据。我身为舍监，深觉惭愧苦闷，向他求教。他所指教我的方法说也怕人，教我自杀！说：

"你肯自杀吗？你若出一张布告，说作贼者速来自首。如三日内无自首者，足见舍监诚信未孚，誓一死以殉教育。果能这样，一定可以感动人，一定会有人来自

————————————

① 俗姓李，名字屡易，为世熟知者名曰息，字曰叔同。

首。——这话须说得诚实，三日后如没有人自首，真非自杀不可。否则便无效力。"

这话在一般人看来是过分之辞，他提出来的时候却是真心的流露，并无虚伪之意。我自愧不能照行，向他笑谢，他当然也不责备我。我们那时颇有些道学气，俨然以教育者自任，一方面又痛感到自己力量的不够。可是所想努力的，还是儒家式的修养，至于宗教方面简直毫不关心的。

有一次，我从一本日本的杂志上见到一篇关于断食的文章，说断食是身心"更新"的修养方法，自古宗教上的伟人，如释迦，如耶稣，都曾断过食。断食能使人除旧换新，改去恶德，生出伟大的精神力量。并且还列举实行的方法及应注意的事项，又介绍了一本专讲断食的参考书。我对于这篇文章很有兴味，便和他谈及，他就好奇地向我要了杂志去看。以后我们也常谈到这事，彼此都有"有机会时最好把断食来试试"的话，可是并没有做过具体的决定，至少在我自己是说过就算了的。约莫经过了一年，他竟独自去实行断食了。这是他出家前一年阳历年假的事。他有家眷在上海，平日每月回上海二次，年假暑假当然都回上海的。阳历年假只十天，放假以后我也就回家去了，总以为他仍照例回到上海了。假满返校，不见到他，过了两个星期他才回来，据说假期中没有回上海，在虎跑寺断食。我问他："为什么不告诉我？"他笑说："你是能说不能行的。并且这事预先教别人知道也不好，旁人大惊小怪起来，容易发生波折。"他的断食共三星期：第一星期逐渐减食至尽，第二星期除水以外完全不食，第三星期起由粥汤逐渐增加至常量。据说经过很顺利，不但并无苦痛，而且身心反觉轻快，有飘飘欲仙之像。他平日是每日早晨写字的，在断食期间仍以写字为常课，三星期所写的字有魏碑，有篆文，有隶书，笔力比平日并不减弱。他说断食时心比平时灵敏，颇有文思，恐出毛病，终于不敢作文。他断食以后食量大增，且能吃整块的肉（平日虽不茹素，不多食肥腻肉类）。自己觉得脱胎换骨过了，用老子"能婴儿乎"之意改名李婴，依然教课，依然替人写字，并没有什么和前不同的情形。据我知道，这时他还只看些宋元人的理学书和道家的书类，佛学尚未谈到。

转瞬阴历年假到了，大家又离校。哪知他不回上海，又到虎跑寺去了。因为他在那里住过三星期，喜其地方清静，所以又到那里去过年。他的归依三宝，可以说由这时候开始的。据说，他自虎跑寺断食回来，曾去访过马一浮先生，说虎跑寺如何清静，僧人招待如何殷勤。阴历旧年，马先生有一个朋友彭先生求马先生介绍一个幽静的寓处，马先生忆起弘一法师前几天曾提起虎跑寺，就把这位彭先生陪送到虎跑寺去住。恰好弘一法师正在那里，经马先生之介绍就认识了这位彭先生。同住了不多几天，到正月初八日，彭先生忽然发心出家了，由虎跑寺当家为他剃度。弘一法师目击当时的一切，大大感动，可是还不就想出家，仅归依三宝，拜老和尚了悟法师为归依师。演音的名，弘一的号，就是那时取定的。假期满后仍回到学校里来。

从此以后，他茹素了，有念珠了，看佛经了，室中供佛像了。宋元理学书偶然仍看，道家书似已疏远。他对我说明一切经过及未来志愿，说出家有种种难处，以后打算暂以居士资格修行，在虎跑寺寄住，暑假后不再担任教师职务。我当时非常难堪，平素所敬爱的这样的好友将弃我遁入空门去了，不胜寂寞之感。在这七年之中，他想离开杭州一师有三四次之多，有时是因为对于学校当局有不快，有时是因为别处来请他，他几次要走，都是经我苦劝而作罢的。甚至于有一个时期，南京高师苦苦求他任课，他已接受聘书了，因我恳留他，他不忍拂我之意，于是杭州南京两处跑，一个月中要坐夜车奔波好几次。他的爱我，可谓已超出寻常友谊之处，眼看这样的好友因信仰的变化要离我而去，而且信仰上的事不比寻常名利关系，可以迁就。料想这次恐已无法留得他住，深悔从前不该留他。他若早离开杭州，也许不会遇到这样复杂的因缘的。暑假渐近，我的苦闷也愈加甚。他虽常用佛法好言安慰我，我总熬不住苦闷。有一次，我对他说过这样的一番狂言：

"这样做居士究竟不彻底。索性做了和尚，倒爽快！"

我这话原是愤激之谈，因为心里难过得熬不住了，不觉脱口而出。说出以后，自己也就后悔。他却是仍是笑颜对我，毫不介意。

暑假到了，他把一切书籍字画衣服等等分赠朋友学生及校工们——我所得到的是他历年所写的字，他所有折扇及金表等——自己带到虎跑寺去的只是些布衣及几件日常用品。我送他出校门，他不许再送了，约期后会，黯然而别。暑假后，我就想去看他，忽然我父亲病了，到半个月以后才到虎跑寺去。相见时我吃了一惊，他已剃去短须，头皮光光，著起海青，赫然是个和尚了！他笑说：

"昨天受剃度的。日子很好，恰巧是大势至菩萨生日。"

"不是说暂时做居士，在这里住住修行，不出家的吗？"我问。

"这也是你的意思，你说索性做了和尚……"

我无话可说，心中真是感慨万分。他问过我父亲的病况，留我小坐，说要写一幅字叫我带回去，作他出家的纪念。他回进房去写字，半小时后才出来，写的是楞严大势至念佛圆通章，且加跋语，详记当时因缘，末有"愿他年同生安养共圆种智"的话。临别时我和他作约，尽力护法，吃素一年。他含笑点头，念一句"阿弥陀佛"。

自从他出家以后，我已不敢再谤毁佛法，可是对于佛法见闻不多，对于他的出家，最初总由俗人的见地，感到一种责任：以为如果我不苦留他在杭州，如果我不提出断食的话头，也许不会有虎跑寺马先生彭先生等因缘，他不会出家。如果最后我不因惜别而发狂言，他即使要出家，也许不会那么快速。我一向为这责任之感所苦，尤其在见到他做苦修行或听到他有疾病的时候。近几年以来，我因他的督励，也常亲近佛典，略识因缘之不可思议，知道像他那样的人，是于过去无量数劫种了善根的。他的出家，他的弘法度生，都是夙愿使然，而且都是希有的福德，正应代他欢喜，代众生欢喜，觉得以前的对他不安，对他负责任，不但是自寻烦恼，而且是一种僭妄了。

作于一九三九年

弘一大师的遗书

　　　丏尊居士文席朽人已于九月初四日迁化曾赋二

偈附录于后

　　　　君子之交　其淡如水　执象而求　咫尺千里
　　　　问余何适　廓尔亡言　华枝春满　天心月圆
　　　　　　　　　　　　　　谨达不宜　亲启
　　　　　　　　　前所记月日系依农历　又白

　　十月三十一日星期六上午，依例到开明书店去办事。才坐下，管庶务的余先生笑嘻嘻地交给我一封信，说"弘一法师又有挂号信来了"。师与开明书店向有缘，他给我的信，差不多封封同人公看。遇到有结缘的字寄来，最先得到的也就是开明同人。所以他有信给我，不但我欢喜，大家也欢喜的。

　　信是相当厚的一封，正信以外还有附件。我抽出一纸来看，读到"朽人已于九月初四日迁化"云云，为之大惊大怪。惊的是噩耗来得突然，本星期一曾接到过他阳历十月一日发的信，告诉我双十节后要闭关著作，不能通信，且附了佛号和去秋九月所摄的照片来，好好地怎么就会"迁化"。怪的是"迁化"的消息怎么会由"迁化"者自己报道。既而我又自己解释，他的圆寂谣言在报上差不多每年有一次的，"海外东坡"在他是寻常之事。这次也许因为要闭关，怕有人再去扰他，所以自报"迁化"的吧。信上"九""初四"三字用红笔写，似乎不是他的亲笔，是另外一个人填上去的。算起来农历九月初四恰是双十节后三日，电许就在这日闭关吧。我捧着一张信纸呆了许久，竟忘了这封信中还有附件。

大概同人见我脸色有异了。有人过来把信封中的附件抽出来看，大叫说"弘一法师圆寂了"。这才提醒了我，急急去看附件。见一张是大开元寺性常法师的信，说弘一老人已于九月初四日下午八时生西，遗书是由他代寄的。还有一张是剪下的泉州当地报纸，其中关于弘一法师的示疾临终经过有详细的长篇记载，连这封遗书也抄登上面。证据摆在眼前，无法再加否认，唉，方外挚友弘一法师真已迁化，这封信是来与我诀别的，真是遗书了，不禁万感交进，为之泫然。

据报上记载：师于旧历八月廿三日感到不适，连日写字，把人家托写的书件了讫；至廿七日已不进食物。廿八日下午还写遗嘱与妙莲法师，以临命终时的事相托；至九月一日上午还替黄居士写纪念册二种，下午又写"悲欣交集"四字与妙莲法师；直到初二才不再执笔；算起来不写字的日子只有初三初四两天。这封遗书似乎是卧病以前早写好在那里的，笔势挺拔，偈语隽美，印章打得位置适当，一切绝不象病中所能做到。前一封信是阳历十月一日发来的，和阴历对照起来，那日是八月廿二，恰好是他感到不适的前一天。信中所说，如"将于双十节后闭关"，"以后于尊处亦末能通信"，且特地把一张照片寄赠，谆谆嘱嗣后和诸善知识亲近，从现在看来，已俨然对我做了暗示了。预知时至，这两封信都可作为铁证，不过后一封是取着遗书的形式罢了。

师的要在逝世时写遗书给我，是十多年前早有成约的。当白马湖山房落成之初，他独自住在其中，一切由我招呼。有一天我和他戏谈，问他说："万一你有不讳，临终咧，入龛咧，荼毗咧，我是全外行，怎么办？"他笑说："我已写好了一封遗书在这里，到必要时会交给你。如果你在别地，我会嘱你家里发电报叫你回来。你看了遗书，一切照办就是了。"后来他离开白马湖云游四方，那封早已写好的遗书一定会带在身边，不知今犹在否。猜想起来，其内容当与这次妙莲法师所得到的差不多吧。同是遗书，我未曾得到那封，却得到了这样的一封，足见万事全是个缘。

这封信不但在我个人是一个珍贵的纪念品，在佛教史上也是非常重要的文献，值得郑重保存的。

本文方写好，友人某君以三十年二月澳门觉音社所出

《弘一法师六十纪念专刊》见示，在李芳远先生所作《送别晚晴老人》一文中，有这样一段："去秋赠余偈云，'问余何适，廓尔亡言，华枝春满，天心月圆'，下署晚晴老人遗偈"。如此则遗书中第二偈是师早已撰就，预备用以作谢世之辞的了。又记。

作于一九四二年十月

第二编　人物与交游

怀晚晴老人

壁间挂着一张和尚的照片，这是弘一法师。

自从"八一三"前夕，全家六七口从上海华界迁避租界以来，老是挤居在一间客堂里，除了随身带出的一点衣被以外，什么都没有，家具尚是向朋友家借凑来的，装饰品当然谈不到，真可谓家徒四壁，挂这张照片也还是过了好几个月以后的事。

弘一法师的照片我曾有好几张，迁避时都未曾带出。现在挂着的一张，是他去年从青岛回厦门，路过上海时请他重拍的。

他去年春间从厦门往青岛湛山寺讲律，原约中秋后返厦门，"八一三"以后不多久，我接到他的信，说要回上海来再到厦门去。那时上海正是炮火喧天，炸弹如雨，青岛还很平静。我劝他暂住青岛，并报告他我个人损失和困顿的情形。他来信似乎非回厦门不可，叫我不必替他过虑。且安慰我说："湛山寺居僧近百人，每月食物至少需三百元。现在住持者不生忧虑，因依佛法自有灵感，不致绝粮也。"

在大场陷落的前几天，他果然到上海来了。从新北门某寓馆打电话到开明书店找我。我不在店，雪邨先生代我先去看他。据说，他向章先生详问我的一切，逃难的情形，儿女的情形，事业和财产的情形，什么都问到。章先生逐项报告他，他听到一项就念一句佛。我赶去看他已在夜间，他却没有详细问什么。几年不见，彼此都觉得老了。他见我有愁苦的神情，笑对我说道："世间一切，本来都是假的，不可认真。前回我不是替你写过一幅金刚经的四句偈了吗？'一切有为法，如梦幻泡影，如露亦如电，应作如是观。'你现在正可觉悟这真理了。"

他说三天后有船开厦门，在上海可住二日。第二天又去看他。那旅馆是一面靠近民国路一面靠近外滩的，日本飞机正狂炸浦东和南市一带，在房间里坐着，每几分钟就要受震惊一次。我有些挡不住，他却镇静如常，只微动着嘴唇。这一定又在念佛了。和几位朋友拉他同到觉林蔬食处午餐，以后要求他到附近照相馆留一摄影——就是这张相片。

他回到厦门以后，依旧忙于讲经说法。厦门失陷时，我们很纪念他，后来知道他已早到了漳州了。来信说："近来在漳州城区弘扬佛法，十分顺利。当此国难之时，人多发心归信佛法也。"今年夏间，我丢了一个孙儿，他知道了，写信来劝我念佛。秋间，老友经子渊先生病笃了，他也写信来叫我转交，劝他念佛。因为战时邮件缓慢，这信到时，子渊先生已逝去，不及见了。

厦门陷落后，丰子恺君从桂林来信，说想迎接他到桂林去。我当时就猜测他不会答应的。果然，子恺前几天来信说，他不愿到桂林去。据子恺来信，他复子恺的信说："朽人年来老态日增，不久即往生极乐。故于今春在泉州及惠安尽力宏法，近在漳州亦尔。犹如夕阳，殷红绚彩，随即西沉。吾生亦尔，世寿将尽，聊作最后之纪念耳。……缘是不克他往，谨谢厚谊。"这几句话非常积极雄壮，毫没有感伤气。

他自题白马湖的庵居叫"晚晴山房"，有时也自称晚晴老人。据他和我说，他从儿时就欢喜唐人"人间爱晚晴"（李义山句）的诗句，所以有此称号。"犹如夕阳，殷红绚彩，随即西沉"这几句话，恰好就是晚晴二字的注脚，可以道出他的心事的。

他今年五十九岁，再过几天就六十岁了，去年在上海离别时，曾对我说："后年我六十岁，如果有缘，当重来江浙，顺便到白马湖晚晴山房去小住一回，且看吧。"他的话原是毫不执着的。凡事随缘，要看"缘"的有无，但我总希望有这个"缘"。

作于一九四三年二月

白　采

　　我的认识白采，始于去年秋季立达学园开课时。在那学期中，我隔周由宁波到上海江湾兼课一次，每次总和他见面，可是因为来去都是匆匆，且不住在学园里的缘故，除在事务室普通谈话外，并无深谈的机会。只知道他叫白采，曾发表过若干诗和小说，是一个在学园中帮忙教课的人而已。

　　年假中，白采就了厦门集美的聘，不复在立达帮忙了。立达教师都是义务职，同人当然无法强留他，我到立达已不再看见他了。过了若干时，闻同人说他从集美来了一封很恳切的信，且寄了五十块钱给学园，说是帮助学园的。我听了不觉为之心动。觉得是一个难得的人。这是我在人品上认识白采的开始。

　　白采的小说，我在未面识他以前也曾在报上及杂志上散见过若干篇，印象比较地深些的，记得只是《归来的磁观音》一篇而已。至于他的诗集，虽曾也在书肆店头见到，可是一见了那惨绿色的封面和丧讣似的粗轮廓线，就使我不快，终于未曾取读。不知犯了什么因果，我自来缺少诗的理解力和鉴赏力，特别是新诗。旧友中如刘大白、朱佩弦都是能诗的，他们都有诗集送我，也不大去读，读了也不大发生共鸣。普通出版物上遇到诗的部分，也往往只胡乱翻过就算。白采的诗被我所忽视，也是当然的事了。一月前，佩弦由北京回白马湖，我为《一般》向他索文艺批评的稿子，他提出白采的诗来，说白采是现代国内少见的诗人，且取出那惨绿色封面有丧讣式的轮廓的诗集来叫我看。我勉强地看了一遍，觉得大有不可蔑视的所在，深悔从前自己的妄断。这是我在作品上认识白采的开始。

过了几天，为筹备《一般》创刊号来到上海，闻白采不久将来上海的消息，大喜。一是想请他替《一般》撰些东西，二是想和他深谈亲近，弥补前时"交臂失之"的缺憾。哪里知道日日盼望他到，而他竟病殁在离沪埠只三四小时行程的船上了！

从遗箧中发见许多关于他一生的重要物件，有家庭间财产上争执的函件、婚姻上纠纷的文证，还有恋人们送给他为表记的赭色黑色或直或卷的各种头发。最多的就是遗稿。各种各样的本子，叠起来高可盈尺，有诗，有词，有笔记，有诗剧。近来文人忙于发表，死后有遗稿的已不多见，有这许多遗稿的恐更是绝无仅有的了。我在这点上，不禁佩服他的伟大。

披览遗稿时，我所最难堪的是其自题诗集卷端的一首小诗。

我能有——

作诗时，不顾指摘的勇气，

也能有——

诗成后，求受指摘的虚心！

但是，

不知你有否一读的诚意？

　　惭愧啊！我以前曾蔑视一般的所谓诗，蔑视他的诗，竟未曾有过"一读的诚意"！他这小诗，不啻在骂我，责我对他不起，唉！我委实对他不起了！

　　我认识白采在半年以前，而真觉得认识白采却在别后的这半年——不，且在他死后。今后在遗稿上及其他种种机会上，对于他的认识，也许会加深加广。可是，我认识他，而他早死了！

　　　　　　（《一般》第二号，一九二六年十月）

阮玲玉的死

　　电影女伶阮玲玉的死，叫大众非常轰动。这一星期以来，报纸上连续用大幅记载着她的事，街谈巷语都以她为话题。据说跑到殡仪馆去瞻观遗体的有几万人，其中有些人是特从远地赶来的，出殡的时候沿途有几万人看。甚至还有两个女子因她的死而自杀。轰动的范围之广为从来所未有。她死后的荣哀，老实说超过任何阔人、任何名流。至于那些死后要大发讣闻号召吊客，出殡时要靠许多叫化子来绷场面的大丧事，更谈不上了。

　　一个电影女伶的死竟会如此轰动大众，这原因说起来原不简单。第一，她是自杀的，自杀比生病死自然更易动人；第二，她的死是为了恋爱的纠纷，桃色事件照例是容易引起大众的注意的；第三，她是一个电影伶人，大众虽和她无往来，但在银幕上对她有相当的认识，抱有相当的好感。这三种原因合在一起，遂使她的死如此轰动大众。

　　如果把这三种原因分析比较起来，我以为第三个原因是主要的，第一第二并不是主要的原因。现今社会上自杀的人差不多日日都有，桃色事件更不计其数，因桃色事件而自杀的男女也不知有多少，何以不曾如此轰动大众呢？阮玲玉的死所以如此使大众轰动，主要原因就在大众对她有认识，有好感，换句话说，她十年来体会大众的心理，在某程度上是曾能满足大众要求的。同是电影女伶，同是自杀的，一年以前有过的一个艾霞。社会人士虽也曾为之惋惜，却没有如此轰动，那是因她上银幕未久，作品不多，工力尚未能深入人心的缘故。

不论音乐绘画文章或是什么，凡是真正的艺术，照理都该以大众为对象，努力和大众发生交涉的。艺术家的任务就在用了他的天分体会大众的心情，用了他的技巧满足大众的要求。好的艺术家必和大众接近，同时为大众所认识，所爱戴。普式庚出殡时啜泣而送的有几万人；陀思妥夫斯基的死，许多人为之号哭；农民画家米莱的行事和作品，到今还在多数人心里活着不死。他们一向不忘记大众，一切作为都把大众放在心目中，所以大众也不忘记他们，把他们放在心目中。这情形原不但艺术上如此，政治上、道德上、事业上、学问上都一样。凡是心目中没有大众的，任凭他议论怎样巧，地位怎样高，声势怎样盛，大众也不会把他放在心目中。

现在单就艺术来说，在各种艺术之中，最易有和大众接触的机会的要算戏剧和文学。戏剧天然有许多观众，文学靠了印刷的传布，随时随地可得到读者。

同是戏剧，电影比一向的京剧、昆剧接近大众得多。

第二编　人物与交游

这只要看京剧、昆剧已观客渐少而电影院到处林立的现象，就可知道。在今日，旧剧的名伶——假定是梅兰芳氏吧，有一天如果死了，死因无论怎样，轰动大众的程度绝不及这次的阮玲玉，这是可预言的。电影伶人卓别麟将来死时，必将大大地有一番轰动，这也是可预言的。因为电影在性质上比歌剧接近于大众，它的艺术材料及演出方法，在为大众接受上有着种种旧剧所没有的便利。阮玲玉的表演技术原不能说已了不得，已好到了绝顶，她在电影上的工力和从来名伶在旧剧上的工力，两相比较起来也许不及。她的所以能因了相当的成就，收得较大的效果，可以说因为她是电影伶人的缘故。如果她以同样的工力投身在旧剧中，也许只是一个平常的女伶而已。这完全是艺术材料和方法进步不进步的关系。

同样的情形也可应用到文学上。文学是用文字做的艺术，它和大众接近本来就没有电影那么容易。电影只要有眼睛的就能看，文学却须以识得懂得文字为条件。文学对于文盲，其无交涉等于电影对于瞎子。国内瞎子不多，文盲却自古以来占着大多数，到现在还是占着大多数。文学在中国根本是和大众绝缘的东西。救济的方法，一方面固然须普及教育，扫除文盲，一方面还得象旧剧改进到电影的样子，把文学的艺术材料和演出方法改进，使容易和大众接近。世间各种新文学运动，用意不外乎此。新文学运动离成功尚远，并且还有各种各样的阻力在加以障碍，例如到现在还居然有人主张作古文读经。中国自古有过许多杰出的文人，现在也有不少好的文人，可是大众之中认识他们、爱戴他们的人有多少呢？长此下去，中国文人心目中没有大众的不必说了，即使心目中想有大众，也无法有大众吧。中国文人死的时候象阮玲玉似的能使大众轰动的，过去固然不曾有过，最近的将来也绝不会有吧。这是可使我们做文人的愧杀的。

（《太白》第二卷第二期，一九三五年四月）

读诗偶感

数年前，经朱佩弦君的介绍，求到了黄晦闻（节）氏的字幅。黄氏是当代的诗家，我求他写字的目的，在想请他写些旧作，不料他所写的却不是自己的诗，是黄山谷的《戏赠米元章》二首。那诗如下：

> 万里风帆水着天，麝煤鼠尾过年年。
>
> 沧江静夜虹贯月，定是米家书画船。
>
> 我有元晖古印章，印刓不忍与诸郎。
>
> 虎儿笔力能扛鼎，教字元晖继阿章。

字是写得很苍劲古朴的，把它装裱好了挂在客堂间里，无事的时候，一个人看着读着玩。字看看倒有味，诗句读读却感到无意味，不久就厌倦了，把它收藏起来，换上别的画幅。

近来，听说黄氏逝世了，偶然念及，再把那张字幅拿出来挂上，重新看着读着玩。黄氏的字仍是有味的，而山谷的诗句仍感到无意味。于是我就去追求这诗对我无意味的原因。第一步，把平日读过的诗来背诵，发见我所记得的诗里面，有许多也是对我意味很少或竟是无意味的；再去把唐宋人的集子来随便翻，觉得对我无意味的东西竟着实不少。

文艺作品的有意味与无意味，理由当然不很简单，说法也许可以各人不同吧。我现在所觉到的只是一点，就是对我的生活可以发生交涉的，有意味，否则就无意味。让我随便举出一首认为有意味的诗来，如李白的《静夜思》：

床前明月光，疑是地上霜。
举头望明月，低头思故乡。

这首诗从小就记熟，觉得有意味，至今年纪大了，仍觉得有意味。第一，这里面没有用着·定的人名，任何人都可以做这首诗的主人公。"疑"，谁"疑"呢？你疑也好，我疑也好，他疑也好。"举头"、"望"、"低头"、"思"，这些动作，任凭张三李四来做都可以。诗句虽是千年以前的李白做的，至今任何人在类似的情景之下，都可以当作自己的创作来念。心中所感到的滋味，和作者李白当时所感到的可以差不多。第二，这里面用着不说煞的含蓄说法，只说"思故乡"，不加"恋念"、"悲哀"等等的限定语。为父母而思故乡也好，为恋人而思故乡也好，为战乱而思故乡也好，什么都可以。犹之数学公式中的X，任凭你代入什么数字去都可适用。如果前人的文学作品可以当遗产的话，这类的作品的确可以叫作遗产的了。

再回头来读山谷的那两首诗：第一首是写米元章的船中书画生活的。米元章工书画，当时做着名叫"发运司"的官，长期在江淮间船上过活，船里带着许多书画，自称"米家书画船"。第二首是说要将自己所郑重珍藏的晋人谢元晖的印章赠与米元章的儿子虎儿（名友仁），说虎儿笔力好，可取字"元晖"，使用这印章，继承父业。这两首诗在山谷自己不消说是有意味的，因为发挥着对于友人的情感。在米元章父子也当然有意味，因为这诗为他们而作。但是对千年以后的我们发生什么交涉呢？我们不住在船中，又不会书画，也没有古印章，也没有"笔力能扛鼎"的儿子，所以读来读去，除了记得一件文人的故事和诗的平仄音节以外，毫不觉得有什么了。如果用遗产来作譬喻，李白《静夜思》是一张不记名的支票，谁拿到了都可支取使用，籴米买菜；山谷的《戏赠米元章二首》是一张记名的划线支票，非凭记着的那人不能支取，而这记着的那人却早已死去了。于是这张支票捏在我们手里，只好眼睛对它看看而已。

山谷的集子里当然也有对我们有意味的诗，李白的集子里也有对我们无意味的诗，上面所说的，只是我个人现在的选择见解。依据这见解把从来汗牛充栋的诗集文集词集来检验估价，被淘汰的东西将不知有若干；以前各种各样的选本，也不知该怎样翻案才好。这对于古人也许是一种忤逆，但为大众计，是应该的。我们对于前人留下来的文艺作品，要主张有读的权利，同时要主张有不读的自由。

（《中学生》第五十五号，一九三五年五月）

一个夏天的故事

　　这是希腊苏格拉底的轶事：苏格拉底曾当过兵，参与过战争。有一回，战后和许多兵士在旷野中行走，天气很热，大家已渴得难耐了。忽然在路旁发见一条小溪，清冽的水潺潺地流着。许多兵士都纷纷到溪边用手掬水，畅饮称快，苏格拉底却立着不去饮水。别的兵士奇怪了，问他："为什么有这样的好水不饮？"他回答说："我正渴得难耐，想试试自己的克己的工夫究有多少，预备忍耐到不渴为止。"

　　一年四季中，炎夏最为人所畏惧。一般人都把夏季看作灾难，要设法解消它，避免它，至于有"消夏"、"避暑"的名称。俗语说"过夏好比过难"。夏季的苦难原是很多的，容易生病咧，烈日如焚咧，蚊蚤叮咬咧，汗流浃背咧，热闷难熬咧……历举起来，说也说不尽。这种苦难如果照上面所举的故事说来，都可以作为锻炼修养的机会，而且都是最切实没有的机会。苏格拉底在西洋被称为千古的圣人，他的奋斗修养当然是无时无地懈怠的，这故事中所告诉我们的只是某一个夏天的事，而且只是关于渴的一件事。如果类推开去，应用是可以很广的。我们原不一定希望成圣人，把这样的精神学得一二分也就受用不尽了。

"怎样过暑假？"少年们作的这类题目的文章是我所常常见到的。文章里面大都"一、二、三、四"地分了项目，说着许多过暑假的预备，读书应该怎样，救国工作干些什么，修养该注意些什么，各人都定得井井有条。在我看来，这些大部分都不免是抽象的空言。最要紧的是"在事上磨炼"。苏格拉底的故事，是"在事上磨炼"的一个好例。

这故事是我多年前偶然在某一本书上见到的，对我印象很深，每到夏天，更记忆起来。我有生以来未曾尝过往庐山、莫干山避暑的幸福，自丢了教鞭改入工商界以后，连暑假的权利也早已没有了。每当苦热难耐的时候，就把这故事记忆了来消遣。这故事是我的清凉散，现在也来贡献给少年们。

（《新少年》第二卷第一期，一九三六年七月十日）

关于国木田独步

独步的作品被介绍过的已经不少，这里所集的只是我个人所翻译的五篇。这五篇在他近百篇的短篇小说中，都是比较有名的杰作。

独步虽作小说，但根底上却是诗人。他是华治华司的崇拜者，爱好自然，努力着眼于自然的玄秘，曾读了屠介涅夫《猎人日记》中的《幽会》，作过一篇描写东京近郊武藏野风景的文字，至今还是风景描写的模范。

独步眼中的自然，不只是幽玄的风景，乃是不可思议的可惊可怖的谜，同时就是人生的谜。他的小说的于诗趣以外具有自然主义的风格，和他的热烈倾心宗教，似都非无故的。《牛肉与马铃薯》中主人公冈本的态度，可以说就是独步自己的态度。《女难》中所充满着的无可奈何的运命思想，也就是这自然观的别一方面。

事实！呜呼，这事实可奈何？

天上的星、月、云、光、风，地上的草、木、花、石，人间的历史、生活、性质、境遇、关系，生、死、情、欲、恨、恋，不幸、灾厄，幸运、荣达，啊！这事实，那事实，人只是盲目地在这错乱混杂的事实中起居着吗？

自然！宇宙固不可思议了。人间！啊，至于人间，不是更不可思议吗？它是受着自然的法则的东西，所不可思议的是它的生活，运命，及其Drama。

日记（明治二十六年十一月十七日）

"非我"的这自然，"别的我"的他人。这是我近来的警句。

啊，人类！看啊看啊，看那许多"别的我"的我的在地上的运命啊！看啊，看啊，俯了仰了，看"非我"的这自然啊！

想啊想啊，把这我与这自然的关系。想得了这我与自然的关系，才可谓受有救世的天命的人。

日记（明治二十七年二月十三日）

独步在明治二十六年（二十三岁）至二十九年五年间曾作的日记，其中充满着严肃的怀疑的气氛，像上面所举的文句几乎每页都可看到。他论诗与诗人的目的说：

从习惯的昏睡里唤醒人心，使知道，围着我们的世界之可惊可爱，才是诗的目的。更进一步说，

使人在这可惊的世界中发见自己，在神的真理中发
明人生的意义，才是诗人的目的。

日记（明治二十六年十月十三日）

　　独步是有这样抱负的人，所以他的作品虽富有清快的诗
趣，而内面却潜蓄着严肃真挚的精神，无论哪一篇都如此。

　　独步的恋爱事件，是日本文学史上有名的史料。中日
战争（明治二十八年）起，独步被国民新闻社任为从军记
者，入千代田军舰，归东京后，国民新闻社长德富苏峰的
友人佐佐城丰寿夫人发起开从军记者招待会。独步那时年
二十五岁，席上与夫人之女佐佐城信子相识，由是彼此陷
入恋爱。经了许多困难，卒以德富苏峰的媒介，竹越与三
郎的保证，在植村正久的司式下结婚。两人结婚后在逗子
营了新家庭。独步为欲达其独立独行的壮怀，且思移居北
海道躬耕自活，如《牛肉与马铃薯》中冈本所说的样子。
谁知结婚未及一年，恋爱破裂，信子忽弃独步出走了。

　　独步的恋爱理想，在男女双方继续更新创造。信子出
走后，独步给她的书中有一处说：

　　　　据有经验的人说：新夫妇的危险起于结婚后的半
　　年间。忍耐经过了这半年，夫妇的真味才生。真的，
　　你在第五个月上，就触了这暗礁了。原来人无论是谁
　　都是充满着缺点的，到了结婚以后，不能复如结婚前
　　可以空想地满足，实是当然之事。如果因不能空想地
　　满足就离婚，那么天下将没有可以成立的夫妇了。这

里须要忍耐，设法，彼此反省，大家奖励。所谓共艰
难苦乐者，不只外来的艰苦，并须与从相互间出来的
人性的恶点奋斗。夫妇的真义，不就在此吗？

《夫妇》为独步描写恋爱的作品，亦曾暗示着与上文
同样的意见。《第三者》则竟是他的自己告白了。江间就
是他自己，鹤姑是信子，大井、武岛则是以当时结婚的周
旋者德富苏峰、内村植三、竹越与三郎为模特儿的。

信子一去不返，结果不免离婚。独步的烦闷，真是非同
小可，曾好几次想自杀。他的日记中，留着许多血泪的文字。

她竟弃舍我了，寒风一阵，吹入心头，迥环地
扰我，我的心已失了色，光，和希望了。信子，信
子！你我同在东京市中相隔只里余，你的心为何远
隔到如此啊！

啊，恋爱的苦啊！逐着冷却了的恋爱的梦，其
苦真难言状。

我永永爱信子，我心愈恋恋于信子。

她已是恋爱的坟墓了吗？那么我将投埋在她里面。

（明治二十九年四月三十日）

睡眠亦苦，因为要梦见信子。

我到底不能忘情于信子，即在走路的时候，填
充我的爱的空想的，仍是关于信子的事。

自一旦与信子的爱破裂，就感到一生已无幸福

可言了，我是因了信子的爱而生存的。

无论怎样的困厄，贫苦，不幸，如果有信子和我在一淘奋斗，就觉得什么都不怕。信子的爱，给我以难以名言的自由。

然而，现在完了，现在，这爱的隐身所倒了！

我好像被裹了体投到世路风雪之中，我的回顾从前之爱，亦非得已。

我真不幸啊！

然而爱不是交换的，是牺牲的，我做了牺牲了，我的爱誓永久不变。

（明治二十九年五月二日）

赖了先辈德富苏峰等诸名士的鼓舞，及平日的宗教信仰，独步幸而未曾踏到自杀途上去。可是此后的独步，壮志已灰，豪迈不复如昔，只成了一个恋爱的飘泊者，抑郁以殁。啊《女难》作者的女难！

独步是明治四十一年死的。他虽替日本文坛做了一个自然主义的先驱，但却终身贫困不过。现在全国传诵的他的名作，当时只值五角钱三角钱一页的稿费。《巡查》脱稿，预计可得五元，高兴得了不得邀友聚餐，结果只得三元，餐费超过预算。这是有名的他的轶事。他的被社会认识，是在明治四十年前后，那时他已无力执笔，以濒死的病躯，奄卧在茅崎的南湖院了。

（《国木田独步集》，开明书店版，一九二七年七月）

坪内逍遥

明治维新以后，日本的文化界现出长足的进步，这进步不能不归功于几个特志的先驱者。就文艺方面说，近代日本文艺史上，如果没有了高山樗牛、正冈子规、国木田独步、二叶亭四迷、坪内逍遥、夏目漱石、森鸥外等几个，日本的新文艺绝没有今日的成果是可以断言的。这几个人在各方面给与青年以新刺激，树立了文艺上的各种新基础，可以说是日本文艺界的恩人。

在这几个人里面，坪内逍遥是死得最后的一个。他名雄藏，号逍遥，又号小羊；生于安政六年（一八五九年），本年二月二十八日逝世，享年近八十岁。他原是一个政治科的大学生；因为平日多与小说接近，遂把趣味倾向到文学上去。日本当时离维新不久，各方面都有崇尚欧化的倾向，这时代的青年，尤其是大学生，皆以新文化的建设者自待，坪内氏是文艺革新的先驱者。

坪内氏的功绩，第一步是对于小说界的贡献。明治初期的日本小说有着两种倾向，一是封建时代残余下来的劝善惩恶的主旨，二是政治主张的宣传，即所谓政治小说。前者是他们模仿汉学的遗影，后者是当时维新的政治上变革的影响。坪内氏于学生时代耽读司各德、莎士比亚等的西洋作品，一壁试行写作，于明治十八年（一八八五年）发表《当世书生气质》。这是模仿了西洋小说写成的东西，和从来的日本小说大异其趣。里面所写的是八个求学的青年在首都东京过着奔放生活的情形，以维新后的新空气做着背景。这小说现在早已没人读了，技巧上也未脱旧小说的窠臼，可是在那时是划时代的作品。日本的写实风的小说，第一部就是这《当世书生气质》。

《当世书生气质》一时颇引起文坛的议论，同年，坪内氏又发表了一本《小说神髓》，主张小说的主眼在人情的描写，排斥从来劝善惩恶政治宣传的主义，并论及小说的起源、变迁及批评等等。这部书一方面是《当世书生气质》的解释，一方面又是指导小说的原理的东西。给后来的日本文坛，开了一条先路，在文学史上很是有名的。

坪内氏在《当世书生气质》以后，也曾写过好几篇小说，可是都不曾出名。把他的《小说神髓》里的主张应用在小说上而成功的，是二叶亭四迷。二叶亭四迷的《浮云》，出世比《小说神髓》稍后，是至今还有人喜读的小说，全体用现代语写，技巧远在《当世书生气质》以上。坪内氏见了《浮云》，就断念于小说的创作。他说："有了二叶亭，我不必再从事于这方面了。"真可谓有自知之明的人。

他断念于小说以后，专心在戏剧上努力。他所作的剧本，第一部是明治二十九年出版的《桐一叶》，此外，如《孤城落日》、《牧者》、《义时的结局》、《名残星月夜》、《阿夏狂乱》、《良宽与保姆》等，都很有名。他所作的戏剧，大部分是所谓"新歌舞伎剧"，立脚于史实，用日本传统的"歌舞伎剧"的方法表演。他在戏剧上的功绩在历史剧的确立和悲剧的开拓。他的埋头于莎士比亚的研究，目的就在这上面，因为莎士比亚的作品中有不少的史剧与悲剧。朗读法，言语术，是他最所关心的方面。据说，他在教室中对学生讲读莎士比亚剧本的时候，常用戏子在舞台上说白的口吻；与人杂谈，也往往会模仿某剧中某角色的调子。他对于新派剧演员的不讲究言语的工夫，很是不满，曾说："戏剧是言语的艺术，言语的质、种类、调子都得选择。"他对于言语的苦心可见一斑了。

他被认为日本戏剧界的恩人，可是他所作的剧本，并没有全体上演。那最使他出名的《桐一叶》，排演也在发表后的十几年。因为新歌舞伎剧不比新剧，是需要特种的演员的。他的最可惊异的成功的工作，倒是莎士比亚剧本的翻译。他的对于莎士比亚的造诣，不但在日本没有第二个，在全世界也是有数的人。因而他死去的时候，英国驻日本的公使曾亲往吊唁，在吊辞中盛称他对于英国文献的劳绩。他研究莎士比亚剧，差不多有五十年之久，翻译的剧本，几十年前早已陆续刊行了，只管订正，只管修改，到去年全部才有定本，由中央公论社出版。这与其说翻译，不如说是创作。原来，他是从事于新歌舞伎剧的，莎士比亚的剧本经他翻译，言语的调子已毫无英语色彩，全部成了日本新歌舞伎剧中的说白了。他所译的莎士比亚剧，可以由新歌舞伎的戏子演出，而于原文的意义却要力求不差，这是何等艰苦的事！

坪内氏不但是文学上有功的人，在教育上也值得记忆。他最初做过塾师，执过中学的教鞭，后来任早稻田大学教授数十年。他的塾徒，有丘浅次郎、长谷川如是闲等的名人。早稻田大学出身的学生里更有不少在各方面杰出的分子。

坪内氏在剧本以外还有几种著作，《小羊漫言》、《文学这时那时》、《英文学史》等较有名。最近出版的还有随笔集《柿的蒂》。他在热海有一个别庄，名叫双柿舍，《柿的蒂》盖由此命名的。

（《中学生》五十六期，一九三五年六月）

夏丏尊

自述

第三编

序、跋与评论

《爱的教育》译者序言

这书给我以卢梭《爱弥尔》、裴斯泰洛齐《醉人之妻》以上的感动。我在四年前始得此书的日译本，记得曾流了泪三日夜读毕，就是后来在翻译或随便阅读时，还深深地感到刺激，不觉眼睛润湿。这不是悲哀的眼泪，乃是惭愧和感激的眼泪。除了人的资格以外，我在家中早已是二子二女的父亲，在教育界是执过十余年的教鞭的教师。平日为人为父为师的态度，读了这书好像丑女见了美人，自己难堪起来，不觉惭愧了流泪。书中叙述亲子之爱，师生之情，朋友之谊，乡国之感，社会之同情，都已近于理想的世界，虽是幻想，使人读了觉到理想世界的情味，以为世间要如此才好。于是不觉就感激了流泪。

这书一般被认为有名的儿童读物，但我以为不但儿童应读，实可作为普通的读物。特别地敢介绍给与儿童有直接关系的父母教师们，叫大家流些惭愧或感激之泪。

学校教育到了现在，真空虚极了。单从外形的制度上方法上，走马灯似的更变迎合，而于教育的生命的某物，从未闻有人培养顾及。好像掘池，有人说四方形好，有人又说圆形好，朝三暮四地改个不休，而于池的所以为池的要素的水，反无人注意。教育上的水是什么？就是情，就是爱。教育没有了情爱，就成了无水的池，任你四方形也罢，圆形也罢，总逃不了一个空虚。

因了这种种，早想把这书翻译。多忙的结果，延至去年夏季，正想鼓兴开译，不幸我唯一的妹因难产亡了。于是心灰意懒地就仍然延阁起来。既而，心念一转，发了为纪念亡妹而译这书的决心，这才偷闲执笔，在《东方杂志》连载。中途因忙和病，又中断了几次，等全稿告成，已在亡妹周忌后了。

这书原名《考莱》，在意大利语是"心"的意思。原书在一九零四年已三百版，各国大概都有译本，书名却不一致。我所有的是日译本和英译本，英译本虽仍作《考莱》，下又标《一个意大利小学生的日记》几字，日译本改称《爱的学校》（日译本曾见两种，一种名《真心》，忘其译者，我所有的是三浦修吾氏译，名《爱的学校》的）。如用《考莱》原名，在我国不能表出内容，《一个意大利小学生的日记》，似不及《爱的学校》来得简单。但因书中所叙述的不但学校，连社会及家庭的情形都有，所以又以己意改名《爱的教育》。这书原是描写情育的，原想用《感情教育》作书名，后来恐与法国佛罗贝尔的小说《感情教育》混同，就弃置了。

译文虽曾对照日英二种译本，勉求忠实，但以儿童读物而论，殊愧未能流利生动，很有须加以推敲的地方。可是遗憾得很，在我现在实已无此功夫和能力。此次重排为单行本时，除草草重读一过，把初刷误植处改正外，只好静待读者批评了。

《东方杂志》记者胡愈之君，关于本书的出版，曾给予不少的助力，邻人刘熏宇君，朱佩弦君，是本书最初的爱读者，每期稿成即来阅读，为尽校正之劳；封面及插画，是邻人丰子恺君的手笔。都足使我不忘。

（《爱的教育》，开明书店版，一九二四年十月一日）

第三编 序、跋与评论

《续爱的教育》译者序

亚米契斯的《爱的教育》译本出版以来，颇为教育界及一般人士所乐阅。读者之中，且常有人来信，叫我再多译些这一类的书。朋友孙俍工先生亦是其中的一人，他远从东京寄了这日译本来，嘱我翻译。于是我发心译了，先在《教育杂志》上逐期登载。这就是登载完毕以后的单行本。

原著者的事略，我尚未详悉，据日译者三浦关造的序文中说，是意大利的有名诗人，且是亚米契斯的畏友，一九一〇年死于著此书的桑•德连寨海岸。

这书以安利柯的舅父白契为主人公，所描写的是自然教育。亚米契斯的《爱的教育》是感情教育，软教育，而这书所写的却是意志教育，硬教育。《爱的教育》中含有多量的感伤性，而这书却含有多量的兴奋性。爱读《爱的教育》的诸君，读了这书，可以得着一种的调剂。

学校教育本来不是教育的全体，古今中外，尽有幼时无力受完全的学校教育而身心能力都优越的人。我希望国内整千万无福升学的少年们能从这书获得一种慰藉，发出一种勇敢的自信来。

（《续爱的教育》，开明书店版，一九三〇年二月）

第三编 序、跋与评论

《文章作法》序

这是我六七年来的讲义稿，前五章是一九一九年在长沙第一师范时编的，第六章小品文是一九二二年在白马湖春晖中学时编的，二者性质不同，现在就勉强凑集在一处。附录三篇，都是在校报上发表过的，也顺便附在后面。

教师原是忙碌者，国文教师尤其是忙碌者中的忙碌者，全书诸稿，记得都是深夜在呵欠中写成的。讲的时候，学生虽表示有兴味，但讲过以后，自己就不愿再去看它，觉得别无可存的价值。只把钉成的油印本撂在书架上。

有一天，邻人刘薰宇从尘埃中拿下来看了说是很好，劝我出版，我只是笑而不应。这已是四年前的事了。去年，薰宇因立达学园缺乏国文教师，不教数学，改行教国文了，叫我把稿本给他，说要用这去教学生。我告诉他原稿不完全的所在，请他随教随修改。薰宇教了一年，修改了一年，于说明不充足处，使之详明，引例不妥当处，从新更换，费去的心思实在不少。大家认为可作立达学园比较固定的教本，为欲省油印的烦累，及兼备别校采用计，就以两人合编的名义，归开明书店出版。

本书内容取材于日本同性质的书籍者殊不少。附录中的《作文的基本态度》一篇，记得是从五十岚力氏《作文三十讲》中某章"烧直"过来的，顺便声明在这里。

一九二六年八月七日，丏尊记于上海江湾立达学园

《文章作法》绪言

　　"熟读唐诗三百首，不会做诗也会吟。"这句话虽然只指示学习"做诗"的初步方法，但中国人学习作文，也是同一的态度。原来中国文人是认定"文无定法"，只有"神而明之"，所以古代虽然有几部论到作文法的书如刘勰的《文心雕龙》和唐彪的《读书作文谱》之类以及其他的零碎论文，不是依然脱不了"神而明之"的根本思想，陈义过高，流于玄妙，就是不合时宜。近来在这方面虽已渐渐有人注意，新出版的书也有了好几种，只是适合于中等学校作教科用的仍不易得；而为应教学上的需要，实在又不能久待；所以参考他国现行关于这一类的书籍，编成这本书以救急。

　　文章本是为了传达自己的意思或情感而作的，所以只是一种工具。单有意思或情感，没有用文字发表出来，就只能保藏在自己的心里，别人无从得知。单有文字而无意思或情感，不过是文字的排列，也不能使读的人得到点什么。意思或情感是文章的内容，文字的结构是文章的形式。内容是否充实，这关系作者的经验、知力、修养。至于形式的美丑，那便是一种技术。严格地说，这两方面虽是同样地没有成法可依赖，但后者毕竟有些基本方法可以遵照，作文法就是讲明这些方法的。

技术要达到巧妙的地步，不能只靠规矩，非自己努力锻炼不可。学游泳的人不是只读几本书就能成，学木工的人不是只听别人讲几次便会，作文也是如此，单知道作文法也不能就作得出好文章。反过来说，不知作文法的人，就是所谓"神而明之"的也竟有成功的。总之，一切技术都相同，仅仅仗那外来的知识而缺乏练习，绝不能纯熟而达到巧妙的境地。"多读，多作，多商量"，这话虽然简单，实在是很中肯綮，颠扑不破；要想作好文章的不能不在这方面下番切实的工夫。

照上面所说的一段话，必定有人疑心到作文法全无价值，依旧确信"文无定法"，只想"神而明之"，这也是错的。专一依赖法则固然是不中用，但法则究竟能指示人以必由的途径，使人得到正规。渔父的儿子虽然善于游泳，但比之于有正当知识，再经过练习的专门家，究竟相差很远。而跟着渔父的儿子去学游泳，比之于跟着专门家去练习也不同，后者总比前者来得正确快速。法则对于技术是必要而不充足的条件，真正凭着练习成功的，必是暗合于法则而不自知的。法则没用而有用，就在这一点，作文法的真价值，也就在这一点。

（《文章作法》，开明书店，一九二六年八月版）

《近代的恋爱观》译者序

厨川白村的著书经移植于国内者已有数种，本书亦曾于数年前由任白涛氏抄节了改作短文介绍过。

著者自述其写斯稿的动机说："因为一方不满于只喋喋谈性欲的一代的恶风潮，一方又感到把恋爱作劣情或游戏观的迷妄，事实上至今还未脱离人心，愤激了于是执笔的，盖只谈性欲与把恋爱视作劣情，一见虽似全然背驰的思想，而于错解恋爱在人生的意义的一点上，于阻碍行驶于时运之流的生活的进展上，两方的结果，全是相等的。"

一方只喋喋于性欲，一方把恋爱视作劣情游戏，这二语竟可移赠中国，作中国关于这部分的现状的诊断。近年以来，青年对于浅薄的性书趋之若鹜，肉的气焰大张，而骨子里对于两性间仍脱不了浮薄的游戏态度，至于顽固守旧者的鄙视恋爱的迷执，不消说亦依然如故。在这时期中，把厨川氏本书加以介绍，也许可谓给同样的病者以同一的药，至少是一个很好的调剂。

厨川氏的书，几乎都是我所爱读的。我所以爱读的缘故，不只为了他的思想，大半还为了他的文章。厨川氏长于essay（随笔、散文），在《出了象牙之塔》中曾有许多关于文章的意见，为我所欢喜的。本书原文，原是很好的essay，可惜，因了我的译笔，已减去不少的原有风格了。

原书尚附有短文四篇，非全论恋爱者，至其论恋爱的处所，论点亦与本文无甚差异。（中有一篇曰《创作与宣传》亦曾由任氏译载某杂志过。）所以割爱略去了。

原书在日本是数年前风行一时的名著，初版出于大正十一年十月，我所据的是大正十三年二月九日在第九十八版本了。厨川氏曾以从本书所得的版税，在镰仓建筑了一所别庄，名曰恋爱馆（日语中观与馆同音）以为纪念。大地震时，就在这别庄里被压死。这是对于本书的读者值得介绍的一件有关联的事。

一九二八年四月记于白马湖平屋

（《近代的恋爱观》，开明书店发行，一九二八年九月）

第三编　序、跋与评论

《给青年的十二封信》

这十二封信是朱孟实先生从海外寄来，分期在我们同人杂志《一般》上登载过的。《一般》的目的原想以一般人为对象，从实际生活出发来介绍些学术思想。数年以来，同人都曾依了这目标分头努力。可是如今看来，最好的收获第一要算这十二封信。

这十二封信以中学程度的青年为对象，并未曾指定某一受信人的姓名，只要是中学程度的青年，就谁都是受信人，谁都应该读一读这十二封信。这十二封信实是作者远从海外送给国内青年的很好礼物。作者曾在国内担任中等教师有年。他那笃热的情感，温文的态度，丰富的学殖，无一不使和他接近的青年感服。他的赴欧洲，目的也就在谋中等教育的改进。作者实是一个终身愿与青年为友的志士。信中首称"朋友"，末署"你的朋友光潜"，在深知作者的性行的我看来，这称呼是笼有真实的情感的，绝不只是通常的习用套语。

各信以青年们所正在关心或应该关心的事项为话题。

作者虽随了各话题抒述其意见，统观全体，却似乎也有个一贯的出发点可寻，就是劝青年眼光要深沉，要从根本上做功夫，要顾到自己，勿随了世俗图近利。作者用了这态度谈读书，谈作文，谈社会运动，谈恋爱，谈升学选科等等。无论在哪一封信上，字里行间都可看出这忠告来。就中如在《谈在露浮尔宫所得的一个感想》一信里，作者且郑重地自把这态度特别标出来了说："假如我的十二封信对于现代青年能发生毫末的影响，我尤其虔心默祝这封信所宣传的超效率的估定价值的标准能印入个个读者的心孔里去。因为我所知道的学生们、学者们和革命家们，都太贪容易，太浮浅粗疏，太不能深入，太不能耐苦，太类似美国旅行家看孟洛里莎了。"

"超效率！"这话在急于近利的世人看来，也许要惊为太高蹈的论调了。但一味亟亟于效率，结果就会流于浅薄粗疏，无可救药。中国人在全世界是被推为最重实用的民族的，凡事向都怀一个极近视的目标：娶妻是为了生子，养儿是为了防老，行善是为了福报，读书是为了做官，不称入基督教的为基督教信者而称为"吃基督教的"，不称投身国事的军士为军人而称他为"吃粮的"，流弊所至，在中国什么都只是吃饭的工具，什么都实用。因之，就什么都浅薄。

试就学校教育的现状看吧！坏的呢，教师目的但在地位薪水，学生目的但在文凭资格，较好的呢，教师想把学生嵌入某种预定的铸型去，学生想怎样揣摩世尚毕业后去问世谋事。在真正的教育面前，总之都免不掉浅薄粗疏。

效率原是要顾的，但只顾效率究竟是蠢事。青年为国家社会的主力军，如果不从根本上培养能力，凡事近视，贪浮浅的近利，一味袭蹈时下陋习，结果纵不至于"一蟹一如一蟹"，亦只是一蟹仍如一蟹而已。国家社会还有什么希望可说。

"太贪容易，太浮浅粗疏，太不能深入，太不能耐苦。"作者对于现代青年的毛病曾这样慨乎言之，征之现状不禁同感。作者去国已好几年了，依据消息，尚能分明地记得起青年的病像，则青年的受病之重也就可知。

这十二封信啊，愿你对于现在的青年有些力量。

（《给青年的十二封信》，开明书店版，

一九二九年一月一日）

关于《倪焕之》

　　圣陶以从《教育杂志》上拆订的《倪焕之》见示，叫我为之校读并写些什么在上面。

　　圣陶的小说，我所读过的原不甚多，但至少三分之一是过目了的。记得大部是短篇，题材最多的关于儿童及家庭的琐事。这次却居然以如此的广大的事象为题材写如此的长篇了。在作者的文艺生活上，《倪焕之》实是划一时代的东西。

　　题材的琐屑与广大，在纯粹的艺术的见地看来，原是不成问题的事，艺术的生命不在题材的大小而在表现的确度上。文艺彻头彻尾是表现的事，最要紧的是时代与空气的表现。经过"五四"、"五卅"一直到这次的革命，这十数年是中国历史上空前的大时代，我们游泳于这大时代的空气之中，甜酸苦辣，虽因人时不同，而且和实际的甜酸苦辣的味觉一样是说不明白的东西，一种特别的情味是受到了的，谁也无法避免这命定地时代空气的口味。照理在文艺作品上随处都能尝得出这情味来，文艺作品至少也要如此才觉得亲切有味。可是合乎这资格的文艺创作却不多见。所见到的只是千篇一律的恋爱谈，或宣传品式的纯概念的革命论而已。在这样的国内文艺界里，突然见了全力描写时代的《倪焕之》，真足使人眼光为之一新，故《倪焕之》不但在作者的文艺生活上是划一时代的东西，在国内的文坛上也可以说是划一时代的东西。

《倪焕之》中所描的，是五四前后到最近革命十余年间中流社会知识阶级思想行动变迁的径路，其中重要的有革命的倪焕之、王乐山，有土豪劣绅的蒋士镳，有不管闲事的金树伯，有怯弱的空想家蒋冰如，女性则有小姐太太式的金佩璋与崭新的密司殷。作者叫这许多人来在舞台上扮演十余年来的世态人情，复于其旁放射各时期特有的彩光，于其背后悬上各时期特有的背景，于是十余年来中国的教育界的状况，乡村都会的情形，家庭的风波，革命前后的动摇，遂如实在纸上现出，一切都逼真，一切都活跃有生气。使我们读了但觉得其中的人物都是旧识者，或竟是自己；其中的行动言语都是会闻到见到过的，或竟是自己的行动言语。

评价一篇小说，不该因了题材来定区别。因《倪焕之》中写教育的事，说它是教育小说，原不妥当。至于因主人公倪焕之的革命见解不彻底，就说这小说无价值，更不妥当。作家所描写的是事实，责任但在表现的确否。事实如此，有什么话可说呢？作者似深知道了这些，在《倪焕之》中，通常的所谓事实的有价值与无价值，不会歧视，至少在笔端是不分高下的。试看，他描写乡村间的灯会的情况，用力不亚于描写南京路上的惨案，和革命当时的盛况。倪焕之虽取着革命的题材，而不流于浅薄的宣传的作物者，其故在此。

只要与作者相识的，谁都知道他是一个中心热烈而表面冷静默然寡言笑的人吧。中心热烈，表面冷静，这貌似矛盾的二性格是文艺创作上重要素地，因为要热烈才会有创作的动因，要冷静才能看得清一切。《倪焕之》的成功，大半是作者性格使然，就是这性格的流露。"文如其人"，这句话原是对的。

关于《倪焕之》，茅盾君曾写过长篇的评论，我的话也原可就此告结束了。不过，作者曾要求我指出作中的疵病，而且要求得很诚切。我为作者的虚心所动，于第一回阅读时，在文字上也曾不客气地贡献过一二小意见，作者皆欣然承诺，在改排时修改过了。此外，茅盾君所指摘的各节也是我所同感的。这回就重排的清样重读，觉得尚有可商量的地方，率性提了出来，供作者和读者的参考。

如前所说，文艺彻头彻尾是表现的事。所谓表现者，意思就是要具体地描写，一切抽象的叙述和疏说，是不但无益于表现而反足使表现的全体受害的。作者在作品中，随处有可令人佩服的描写，很收着表现的效果。随举数例来看：

　　　焕之抢着铺叠被褥。被褥新浆洗，带着太阳光
　　的甘味，嗅到时立刻想起为这些事辛劳的母亲，当

晚一定要写封信给她。

　　在初明的昏黄的电灯光下，他们两个各自把着一个酒壶，谈了一阵，便端起酒杯呷一口。话题当然脱不了近局，攻战的情势，民众的向背，在叙述中间夹杂着议论地谈说着。随后焕之讲到了在这地方努力的人，感情渐趋兴奋；虽然声音并不高，却个个字挟着活跃的力，象平静的小溪涧中，喷溢着一股滚烫的沸泉。

　　前者写游子初到任地的光景，后者写革命军快到时党人与其旧友在酒楼上谈话的情形，都很具体地有生气。诸如此类的例一拾即是。读者可以随处自己发现这类有效果的描写。无论在作者的作品之中，无论在当代文坛上作品之中，《倪焕之》恐怕要推为描写力最旺盛的一篇了吧。

　　但如果许我吹毛求疵的话，则有数处仍流于空泛的疏说的。例如写倪焕之感到幻灭了每日跑酒肆的时候：

　　　　这就皈依到酒的座下来。酒，欢快的人因了它更增欢快，寻常的人因了它得到消遣；而琐闷的人也可以因了它接近安慰与奋兴的道路。

　　这种文字，我以为是等于蛇足的东西，不十分会有表现的效果的。最甚的是第二十章。这章述五四后思想界的大势，几乎全是抽象的疏说，觉得于全体甚不调和。不知作者以为何如?

我的指摘只是我个人的僻见,即使作者和读者都承认,也只是表现的技巧上的小问题。至于《倪焕之》,是绝不会因此减损其价值的。《倪焕之》实不愧茅盾君所称的"扛鼎"的工作。

　　　　(《倪焕之》,开明书店版,一九二九年八月)

第三编　序、跋与评论

《中学生》发刊辞

中等教育为高等教育的预备，同时又为初等教育的延长，本身原已够复杂了。自学制改革以后，中学含义更广，于是遂愈增加复杂性。

合数十万年龄悬殊趋向各异的男女青年于含混的"中学生"一名词之下，而除学校本身以外，未闻有人从旁关心于其近况与前途，一任其徬徨于纷叉的歧路，饥渴于寥廓的荒原，这不可谓非国内的一件怪事和憾事了。

我们是有感于此而奋起的。愿借本志对全国数十万的中学生诸君，有所贡献。本志的使命是：替中学生诸君补校课的不足；供给多方的趣味与知识；指导前途；解答疑问；且作便利的发表机关。

啼声新试，头角何如？今当诞生之辰，敢望大家乐于养护，给以祝福！

（《中学生》创刊号，一九三〇年一月）

《李息翁临古法书》跋

　　右为弘一和尚出家前橅古习作。和尚当湖人，俗姓李，名与字皆屡更，其最为世所知者名曰息，字曰叔同。才华盖代，文学演剧音乐书画靡不精。而书名尤藉甚，胎息六朝，别具一格。虽片纸，人亦视如瑰宝。居常鸡鸣而起，执笔临池。碑版过眼便能神似。所窥涉者甚广，尤致力于《天发神谶》、《张猛龙》及魏齐诸造像，摹写皆不下百余通焉。与余交久，乐为余作书，以余之酷嗜其书也。比入山，尽以习作付余。伊人远矣，十余年来什袭珍玩，遐想旧游，辄为怅惘。近以因缘，复得亲近。偶出旧藏，共话前尘，乃以选印公世为请，且求亲为题序。每体少者一纸，多者数纸。所收盖不及千之一也。

　　（《李息翁临古法书》，开明书店版，一九三〇年）

《鸟与文学》序

　　壁上挂一把拉皮黄调的胡琴与悬一张破旧的无弦古琴，主人的胸中的情调是大不相同的。一盆芬芳的蔷薇与一枝枯瘦的梅花，在普通文人的心目中也会有雅俗之分。这事实可用民族对于事物的文学历史的多寡而说明。琴在中国已有很浓厚的文学背景，普通人见了琴就会引起种种联想；胡琴虽时下流行，但在近人的咏物诗以外却举不出文学上的故事或传说来，所以不能为联想的原素。蔷薇在西洋原是有长久的文学的背景的，在中国，究不能与梅花并列。如果把梅花放在西方的文人面前，其感兴也当然不及蔷薇吧。

　　文学不能无所缘，文学所缘的东西在自然界中要算草虫鸟为最普通。孔子举读诗的益处，其一种就是说"多识乎鸟兽草木之名"。试翻毛诗来看，第一首《关雎》是以鸟为缘的，第二首《葛覃》是以草木为缘的。民族各以其常见的事物为对象，发为歌咏或编成传说。经过多人的歌咏及普遍的传说以后，那事物就在民族的血脉中遗下某种情调，呈出一种特有的观感。这些情调与观感，足以长久地作为酵素，来温暖润泽民族的心情。日本人对于樱的情调，中国人对于鹤的趣味，都是他民族所不能翻译共喻的。

事物的文学背景愈丰富，愈足以温暖润泽人的心情，反之，如果对于某事物毫不知道其往昔的文献或典故，就会兴味索然。故对于某事物关联地来灌输些文学上的文献或典故，使对于某事物得扩张其趣味，也是青年教育上一件要务。祖璋的《鸟与文学》，在这意义上不失为有价值的书。

小泉八云曾著了一部有名的《虫的文学》，把日本的虫的故事及诗歌和西洋的关于虫的文献比较研究过，我在往时读了很感兴趣。现在读祖璋此书，有许多地方令我记起读《虫的文学》的印象来。

（《鸟与文学》，开明书店版，一九三一年四月）

《清凉歌集》序

　　弘一和尚未出家时，于艺事无所不精，自书法、绘画、音乐、文艺乃至演剧、篆刻，皆卓然有独到处。尝为余言：平生用力于音乐用力最苦，盖乐律与演奏皆非长期炼修无由适变，不若他种艺事之可凭天才也。和尚先后在杭州南京以乐施教者凡十年，迄今全国为音乐教师者十九皆其薪传。所制一曲一歌风行海内，推为名作。入山以后，以前种种胥成梦影。一日，刘生质平偕余往访和尚于山寺，饭罢清谈，偶及当世乐教。质平叹息于作歌者之难得，一任靡靡俗曲流行闾阎，深惜和尚入山之太蚤。和尚亦为怃然，允再作歌若干首付之，余与质平皆惊喜，此七年前事也。七年以来，质平及某学友根据和尚所作歌词，分别谱曲，反复推敲，必得和尚印可而后定。复经上海新华艺术专科学校、浙江宁波中学等处实地演奏，始携稿诣余，谋为刊行。作曲者五人：质平为和尚之弟子，学咏、希一、伯英为质平之弟子，铍棠为质平之再传弟子，皆音乐教育界之铮铮者。歌曲仅五首，乃经音乐界师弟累叶之合作，费七年光阴之试练，亦中国音乐史上之佳话矣。歌名"清凉"，和尚之所命也。和尚俗姓李，名息，字叔同，又字惜霜，浙之平湖人。

（《清凉歌集》，开明书店版，一九三六年）

《中诗外形律详说》跋

　　已是十几年前的事了，记得是一个初夏的下午，大白挟了一大包东西到我这里来，说有一部稿子，叫我给他出版。打开来一看，共计二十本，就是这部《中诗外形律详说》。

　　大白对于诗的声律研究有素，有许多意见也曾和我谈论过。平日相见，偶然谈到诗词或是漫吟前人名句，常把话头牵涉到韵律的法则上面去。我常见他写这类的稿子，有几篇曾在《小说月报》上发表，不料居然积成了这么大的篇幅。我当然答应替他出版。那时大白已卸去教育部次长的职务，在杭州静养肺病。这回从上海回杭州去以后，病日加重，病中来信，颇念念于斯书出版的事。出版不成问题，成问题的是稿中所用符号的繁多。这种符号须一一特制模型，其中有几种，形体根本和铅字的形体不相称，即使特制了模型，浇铸出来也无法容纳在铅字旁边，结果发生了排版不可能的困难。关于这事，曾和他通信商量过好几次，大家都想不出方法，只好把稿子都搁下来。曾有一次想叫人抄写一遍，以石印出版，可是他不喜欢写体字，一定要铅印。

入秋以后，大白的病愈弄愈重。"一·二八"上海事变发生，我避难在故乡，就在故乡接到他在杭州去世的凶耗。

大白是去世了，他交给我的稿子还无法给他付排。每次想到觉得有负宿诺，很是难堪。中间曾一度转过用原稿石印的念头，叫我的女儿吉子将原稿拆开，剪去空行，拼贴成一律的版式。拼贴完成以后，拿了一页去打样，结果不佳。原来大白的原稿是用青莲水写的，和用墨写的不同，不能摄影。于是仍把稿子留在稿箱里，不过以前是订好的二十本，经过吉子剪贴以后，已变成几尺高的一叠散叶。后来吉子也病故了，这部稿子在我又增加了一重伤感的回忆。

迁延复迁延，总算天无绝人之路，有一次，忽然念头转到了长体仿宋字。长体仿宋字身特别长，在普通方块铅字旁容纳不下的符号，在长体仿宋铅字旁也许可以容纳。于是和专排仿宋字的印刷所商量，把本来成为问题的几种符号特制起来试排了看，果然妥贴。这部稿子至此才算有了成书的把握。

大白生前希望朱佩弦君撰序，佩弦也曾答允。本书排校到一半的时候，我就把清样订了厚厚的一本，寄给在北平的佩弦，请他先看一遍，约定一个月后再寄后半部清样，希望他写一篇长序。其时正是二十六年的暑假之初，"七七"事变快要起来的当儿。接着是"八一三"事变，上海战事爆发，我的书籍器物都付劫火，此书原稿初校已毕，留存我处，也一同化为灰烬。幸佩弦从北平辗转到了云南，居然没有把半部清样遗失，寄还给我。又从印刷所搜得了排样及不全之纸型，拼凑起来，全书一千一百七十面之中，所缺者计七十面，虽已不完整，大体面目尚存，于是郑重地把他保藏起来。

中国自古不乏诗的研究者，关于这一方面的研究，大白可谓破天荒第一人。斯书在他一生著作中实占重要的地位，值得重视。屡次想替他出版，可是战时百物昂腾，力不从心。今承联合出版公司接受印行，真是再好没有的事。只可惜日下交通多阻，初版来不及刊入佩弦的序文了。

大白多才而数奇，斯书自成稿以至成书，也经许多的厄运，仿佛象征着他的一生，可为叹息。

作于一九四三年六月

《弘一大师永怀录》序

　　弘一大师示寂之周年，上海纪念会同人搜辑各方记述懿行及哀诔之作，编为一集，以寄追怀，名曰《弘一大师永怀录》。师之芳轨盛德，于此可见梗概焉。四方多难，邮书阻梗，兵燹以后，旧刊荡然，兹之所收，容有未尽，搜遗补阙，期诸方来。综师一生，为翩翩之佳公子，为激昂之志士，为多才之艺人，为严肃之教育者，为戒律精严之头陀，而卒以倾心西极，吉祥善逝。其行迹如真而幻，不可捉摸，殆所谓游戏人间，为一大事因缘而出世者。现种种身，以种种方便而作佛事，生平不畜徒众，而摄受之范围甚广。集中作者不尽为佛徒，其所仰慕者，或为师之气宇，或为师之才艺，或为师之德行。其与师之关系，或为故旧，或为师弟，或则竟无一面之缘，徒以景仰师之高风亮节致其私淑之忱于不自知者。凡所论述，皆各抒所感，伸其敬慕，不必悉合佛法，亦不必一一以寻常佛法绳之。一月当空，千潭齐印，澄渟定荡，各应其机。读斯编者作如是观可也。癸未九月，夏丏尊序。

　　　　（《弘一法师永怀录》，一九四三年）

《晚晴山房书简》序

　　弘一大师入灭后，福建永春李芳远君辑师书牍若干通，寄稿至沪，嘱为刊行。顾所收不多，未足成集。年来多方征求搜罗，益以己所旧藏，其量已远倍于李君所辑。世方多难，散失堪虞，因排百难而使之成书。斯编所收，皆师出家后所作。师为一代僧宝，梵行卓绝，以身体道，不为戏论。书简即其生活之实录。举凡师之风格及待人接物之状况，可于此仿佛得之。故有见必录，虽事涉琐屑者，亦不忍割爱焉。师别署甚多，五十以后，喜用晚晴称号，常自署曰晚晴沙门或晚晴老人。颜其白马湖之精舍曰晚晴山房。乱后乡村不宁，山房无人居宁，门窗砖瓦被盗垂尽，闻将成废墟矣。斯编名曰《晚晴山房书简》，不特从师夙好，亦将藉以为胜迹留一纪念也。编中书简，除余所藏者外，来自各方，助为缮写者同事丰君沧祥，郭君沈澄，朱君子如，及窦德清宗性姊弟，付刊者同事徐君调孚，校对者同事周君振甫，例得备书，以志功德。中华民国三十三年中秋夏丏尊识于上海寓舍师之画像前。

　　（《晚晴山房书简》第一辑，一九四四年十月）

《十年》序

　　开明创立于一九二六年，到今年十周年了，打算出一种书，一方面对读者界做有一点儿意义的贡献，另一方面也给自己作个纪念。这部小说集刊就是从这样打算之下产生的。给它题个名字，谁也会想到又现成又醒目的《十年》。于是它有了名字。

　　据一般批评家说，我国的新文学运动起来以后，小说方面的成就比较可观。开明自从创立的那一年起，就把刊行新体小说作为出版方针之一。到现在，大家都承认开明这一类的出版物中间，很有一些在现代文学史上占有地位的佳作。这是开明的荣誉。开明要永远保持它的荣誉，就约当代作家各替开明特写一篇新作，用来纪念开明，同时也给我国小说界留个鸟瞰的摄影。发育了将近二十年的新体小说成为什么样子了，虽然不能全般地看出，但是总可以从这里看出一大部分。在这一点上，这部书似乎有着不少的意义。

　　所约作家共有二三十位。到了集稿的期限，有些作家因为事情忙，有些作家因为要慎重推敲，尚未把稿子寄到，而存稿的篇幅却已不少了。我们不愿意叫许多作家失掉参与我们纪念的机会，乃改为分册出版，先将已收到的发表，不久再出《十年》续集。

末了，对于特地为本集撰稿的各位作家谨致真诚的感谢。

（《十年》，开明书店版，一九三六年七月）

读《清明前后》

　　不见茅盾氏已九年了。胜利以后，消息传来，说他的近作剧本《清明前后》在重庆上演，轰动一时，而十月十六日中央广播电台也设特别节目来介绍这剧本，说内容有毒素，叫看过的人自己反省一下，不要受愚，没有看过的不要去看。我被这些消息引起了趣味，纵不能亲眼看到舞台上的演出，至少想把剧本读一下。这期望抱得许久。等到上海版发行，就去买来，花了半日工夫把它一气读完。

　　故事并不复杂。本年清明前后，重庆发生了一件于国家不大名誉的事件，就是所谓黄金案。作者就以这哄动山城的事件为背景，来描写若干人物的行动。据他在《后记》中自己说明，是把当时某一天报上的新闻剪下来排列成一个记录，然后依据了这记录来动笔的。其中有青年失踪或被捕的事，有灾民涌到重庆来的事，工厂将倒闭的情形，小公务人员因挪用公款，买黄金投机被罚办的情形，一般薪水阶级因物价上涨而挣扎受苦的情形，高利贷盛行的情形，闻人要人在各方面活跃的情形，官界商界互相勾结的情形。作者把这许多形形色色的事件写成一部剧本，将主题放在工业的现状与出路上面，叫工业家林永清夫妇做了剧中的男女主人公，暴露出本年清明前后重庆的政治经济及社会民生各方面的状况。如果说这剧本有毒素的话，那么就在暴露一点上，此外似乎并没有什么。

剧本的主题是工业的现状与出路。而作者对于出路，只在末幕用寥寥几句话表出，认为"政治不民主，工业就没有出路"，其全部气力，倒倾注于现状的描写上。更新铁工厂主总经理林永清，于"八一三"战时依照政府国策辛辛苦苦把全部工厂设备与工人搬到重庆，经营了许多年，结果落了亏空，借重利债款至二千万元之多。为要苟延工厂的命脉，不惜牺牲了平生洁白的工业志愿，竟想向某财阀借一笔新借款来试作黄金投机，结果偷鸡不着蚀了一把米。这里所表现的是金融资本压倒实业资本的情形。中国有金融资本家而没有实业资本家，工业的不能繁荣，关键全在于此。战前这样，战时越加这样。中国资本家不肯让资本呆在一处，他们有时虽也将资金投在实业机关中，但只是借款，不愿作为股本。他们宁愿买黄金、外汇、公债、地产、货物或热门股票，因为这些东西日日有市面，可以获利了就脱手，把资金卷而怀之，不像工厂中的机器、设备、原料、制品与未成品等，脱手不易，搬动困难。用十万万元的资金来办工厂，可以有出品，可以养活几百个职工，然而他们不肯这样做。他们宁愿保持流动资金，借此来盘放做买卖，一间写字间，一只电话，用几个亲戚和人办理业务，无罢工的威胁，政府无从向他们收捐税，多么自由干脆。他们的放款都是高利短期，六个月一比，或三个月一比。在战时甚至一日一比，即所谓"几角钱过夜"的就是。工业界为了要发展事业，需要流动资金是必然的。为了求得流动资金之故，办工业者不得不分心于人事关系上，不得不屈伏于拥资者的苛刻条件。结果把全部工厂的管理权交到金融资本家手中去。金融资本家在中国一向是经济界的骄子。此中情形，作者看得很明白，过去的作品如《子夜》中所写的是战时的状况。比较起来，后者酷虐的情形愈明显愈加凶罢了。

剧本中有一个特点，每幕于登场人物的姓名下都附有一段详细叙述，好像一篇小传。作者在《后记》中说："正像人家把散文分行写了便以为是诗一样，我把小说的对话部分加强了便亦自以为是剧本了。而'说明'之多，亦充分指出了我之没有办法。"作者写小说是老手，写剧本还是初试，本剧是他的处女作。他这句话是老老实实的自白，并非自谦之词。他自嫌"说明"太多，替每个登场人物叙述身世，当然也是"说明"之一种。我觉得对于读者，这种小传式的叙述大有用处，我于阅读时曾得到许多帮助。那素性刚强而有决断的女主人公赵自芳，怎样会变成胸襟狭仄、敏感而神经质的人；精明强干的林永清，怎样会销损志气，落到诱惑的陷阱中去；一向老实谨慎的李维勤，怎样会在某种诱惑之下去冒险，走错了路；他的妻唐文君，素性容易和人亲近，怎样在残酷的磨折之下变成了孤僻畏葸而忧郁的性格；富有热情的黄梦英，怎样会把热情潜藏起来，用笑声来发挥玩世的态度，睥睨一切：小传中都有理由可寻。环境决定性格，看了剧中几个好人在目前的现实环境之中被转变的情形，真堪浩叹。

剧中对话句句经过锤炼，无一句草率。有几处似乎因为锤炼得太过度，反使读者不易理会，至少上演时会叫观众听了不懂。例如第四幕中严干臣宅宴会时，黄梦英把本可赢钱的一副纸牌丢弃了，反自认为输与财阀金淡庵，跑出客厅来与其所尊敬的陈克明教授（黄梦英的爱人乔张之师）谈话里有一段道：（删去动作与表情的说明）

黄：嗳，陈教授，有一句古老话，赌钱的时候，一个人会露出本相来。您觉得这句话怎样……也许您有点儿诧异吧，刚才那副牌明明是我赢的，干么我反倒自认为输了？

陈：有一点。然而程度上还不及那个方科长。

黄：哦，怎么，那个——方科长之类猜到了该是我赢的牌么？

陈：不是猜到。您把您的牌给我看的时候，他就站在我背后。可是梦英，我记得也还有一句古老话：不义之财，取之不伤廉。

黄：那么，陈先生，照您看来，我这一手，难道有什么深刻的意义么？……没有。好玩儿罢了。

这几行是容易看懂听懂的，没有什么。试再看下面：

陈：梦英！你不应当对我这样不坦白？……梦英！我好像到了一个阴森森的山谷，夕阳的最后一抹红光还留在最高的山峰上，可是乌黑的云阵也从四面八方围拢来了！……我有预感，一个可怕的大风暴，就要封锁了那山谷，我好像已经听见了呼呼的风声，隆隆的雷响！……我还想起了不多几天前我得的一个梦：从汪洋大海，万顷碧波中，飞出来了一条龙，对，一条龙，飞到半空，忽然跌下，掉在泥潭里，不能翻身，蚊子苍蝇都来嘲笑它，泥鳅也来戏弄它，而它呢，除非一天天变小，变得跟泥鳅一般，就只有牺牲了性命。梦英！我当真替它担心！

黄：陈先生，您那个梦，不能成为事实！……您自然也不会不了解，有一种人，自己没有病！倒是天天在那里发愁，看见了真有病的人反以为没关系。另外有一种人可巧完全相反。——他不担心自己。因为自己的健康如何，他知道的更清楚些。

陈：可是，您也不要忘记那句格言：旁观者清。

黄：教授，您是一位很现实的人，请您忘记了什么龙，——对，龙是困在泥潭中，可是，只要它还没变小，还有一口气，龙之所以为龙，也还不可知呢。陈教授，让我请您记起一个人！一个青年，大眼睛的青年，血气太旺，心太好的一个年青人！

陈：啊！乔张！有了下落么？三天四天前有

人告诉我——可是，梦英，您没有得到恶劣的消息吧？

黄：不太坏，也不太好。要是只从一边儿想啊，甚至可以说，有这么七分希望。然而，乔张要是知道了如何取得这七分的希望，他一定要不理我了。

陈：（指室内）是不是他——

黄：当然他这妄想，搁在心里，并不是一朝一夕的事了。可是为了乔张，倒给他一个正面表示的机会。刚才他对我说，下落，已经打听到了，办法，也不是没有，不过，万事俱全，单要一样药引子——

陈：哼，乘机要挟，太无耻了！

黄：陈教授，你没有听见过说竟想用龙肉来做药引子吧。即使是困在泥潭里的一条龙呵！陈教授，您现在也许要说，即使像刚才那副牌这样的不义之财，我干脆一脚踢开，也是十二分应该的吧？

这段对话非常含蓄，富有暗示性，细心的读者可以从这里面得到种种的事情，黄梦英为了营救失踪或被捕的乔张，怎样在交际场中厮混，虚与委蛇，金淡庵追逐她至怎样程度，而陈克明教授怎样爱护期待她，怎样替她担心，作者都用譬喻来表达。锤炼之工，真可佩服。但在舞台上演出时，一般并未读过登场人物的小传的观众，听了这些暗示性譬喻式的对话，是否能懂得其所以然，就大大地是一个疑问了。我以为，这部剧本，是一部好的读物，犹之乎一部好的小说。观众在看剧以前，最好先把剧本阅读一过。

　　本剧是作者的处女作，以剧的技巧论，当只有可指摘之处，至于主旨的正确与反映现实的手腕，是值得敬服的。作者今年五十岁，叶圣陶氏作七律一首为寿，腹联二句是：

　　　待旦何时嗟子夜
　　　驻春有愿惜清明

　　把《子夜》与本剧相对。《子夜》是作者小说中的大作，我们也希望作者从五十岁来划一个时期，于小说以外兼写剧本，有更完成的巨著出现。

（《文坛月报》创刊号，一九四六年一月）

第三编　序、跋与评论

夏丏尊

第四编

见解与主张

自述

"你须知道自己"

　　我向有个先写稿后加题目的习惯，此稿成后，想不出好题目，于是就僭越地借用了这句希腊哲人的标语。

　　中学生诸君，新年恭喜！

　　说到新年，不禁记起一件故事来了。从前日本有一个很有名的和尚，故意于新年元旦提了骷髅到人家门口去，叫大家杀风景。日本向有元旦在门口筑了土堆插松枝的风俗，叫作"门松"。和尚有一句咏门松的诗道："门松是冥土之旅的一里冢。"一里冢者，日本古代每一里作一土堆如冢，上插木标，以标记里程的。和尚的诗，意思就是说一个人过了一年就离冥土愈近了。

　　咿呀！新年新岁，理应说利市，讲好话，为什么要提起这样的话来扫大家的兴呢？但是照例地说利市，讲好话，也觉得没有意思。新年相见的套语，如"恭喜"之类，其中并不笼有真实的深意，说"恭喜恭喜"，并不就会有喜可恭的。

　　我们无论做哪一件事，都要预想到着末的一步，才会认真，才会不苟。做买卖的人所要顾虑的不是赚钱，乃是蚀本。赌博的人所须留意的不是赢了怎样，乃是输了如何。日本的那位和尚在元旦叫人看骷髅，要大家觉悟到死的一大事实，其事虽杀风景，但实也可谓是一种最慈悲的当头棒喝。我根据了这理由，想在这一九三零年的新年，当作贺年的礼物，对诸君说几句看似不快而却是真实的话。

依学龄计算，诸君都是十三岁以上二十岁以下的志气旺盛的青年。诸君对于前途，所怀抱的希望不消说是很多的吧。恋爱咧，名誉咧，革命咧，救国咧，诸如此类离本题太远的希望，暂且不提。即仅就了求学而论，诸君的希望应也就不小，由初中而高中，由高中而大学，由大学而出洋，由出洋而成博士等等，似都应列入诸君的好梦之中的。可是抱歉得很，我在这里想对诸君谈说的，却不是怎样由初中入高中、入大学、出洋等的好事，乃是关于不吉方向的事。就是：不能出洋怎样？不能入大学怎样？不能升高中怎样？或甚至于并初中而不能毕业怎样？

就大体说，教育的等级是和财产的等级一致的。财产有富者、中产者与贫困者三个等差，教育也有高等、中等、初等的三个阶段。在别国，这阶段很是露骨，尽有于最初就把贫富分离的学校制度。凡有资力可令子弟受中等以上的教育者，就可不令子弟进普通的国民小学。我国在学校制度上表面虽似平等，其实这财产上的阶段仍很明显地在教育的等差上反映着。不消说，小学校学生之中原有每日用汽车接送的富家儿与衣服楚楚的中产者的子弟的，但全体统计，究以着破鞋拖鼻涕的贫家小孩为多。到了中学，贫困者就无资格入门，因为做中学生每年至少须花二百元的学费，不是中产以下的家庭所能负担。做中学生的不是富家儿，即是中产者的子弟。至于入大学，费用更巨，年须三四百元以上，故做大学生的大概是富家儿，即使偶有中产者的子弟蛰居其间，不是少数的工读生，即是少数的叫父母流泪典质了田地不惜为求学而破家的好学的别致朋友罢了。这样，教育的阶段宛如几面筛子，依了财产的筛孔，把青年大略筛成三等。纵有漏网混杂别等里去的，那真是偶然的侥幸的机会。

诸君是中学生，贫困者已于小学毕业时被第一道筛子从诸君的队里筛出了。诸君之中混杂着富者与中产者的子弟，但富者究竟不多，诸君的十分之九以上可说都由中产家庭出来的吧。象诸君样的人，普通叫作中产阶级。中产阶级不致如贫困者的有冻馁之忧，也不致象富者的流于荒佚，在社会全体看来，实是最健全最有用的分子。诸君出自中产家庭，就是未来的社会中坚，诸君的境遇较之贫困者与富者，原不可不说是很幸福的。但是，可惜，这中产阶级的本身已在崩溃中了。

中产阶级的崩溃原是世界的现象，不但中国的如此。其原因不得不归诸世界产业革命与资本主义的跋扈。中国中产阶级的崩溃也不自今日始，而以近数年来为尤速。中国原无什么大资本家，也无什么大产业，中国人所受的完全是身不由主的全世界的影响。中国产业落后于人者不知凡几，而生活程度却由外人替我们代为提高，已与别国差不多了。这情形，诸君不必回去问那六七十岁的老祖父，但把诸君幼时所记得的物价与生活费用和目前的一相比较，就已可知其差数之不小了。加以连年的兵祸、匪灾、饥馑、失业，把乡村的元气耗损几尽，随此而起的工价暴腾与农民的不得已的减租，更给了中产阶级以一道快速的催命符。

不信，但看事实！诸君的村里中富起来的人家多呢还是穷下去的人家多？诸君自己的家况，只要没有什么着香槟票头彩之类的事，还是一年好一年呢还是一年不如一年？诸君求学的用费，今年比之去年如何？诸君向父母请求学费时，父母是否比去年多摇头多叹息？再试每日留心报纸，是不是每日有因失业或困迫而自杀的？他们的人多数，是不是青年？

中国的中产阶级已在崩溃的途上，当世流行的一切青年的烦闷与中流家庭间的不宁，实都就是中产阶级在崩溃途上的苦闷的挣扎与呻吟。诸君是中产阶级，中产阶级的崩溃就是诸君的崩溃。诸君之中有的已深深地痛感到没落的不安，正在挣扎与呻吟之中，有的或尚才踏入第一步，只茫然地感到前途渐就黑暗的预觉，程度虽有不同，要之都已是在没落崩溃的途上的人们了。在这变动的期内，诸君的家庭尚能挣扎着令诸君入中学为中学生，不可谓非诸君之幸。不瞒诸君说，在下也是中产阶级出身，而且是一个做过二十年的中等学校教师的人。产是早已没有了，依了自己的劳动，现在总算还着起长衫，在社会上支撑着中流人物的地位，可是对于儿女，却无力令其尽受完全的中等教育。一个是高小毕业就去做商店学徒了，一个是初中未毕业，即令其从事养蜂与园艺了，还有一个现在虽尚在中学校，但能否有力保其毕业或升学，自己也毫无把握。作了二十年中学教师却无力使自己的儿女受中等教育，每想到"裁缝衣破无人补，木匠家里没凳坐"的俗语，自己也不禁要苦笑起来。

话不觉走入岔路去了，一笔表过，言归正传。

世间最难动摇的是事实，事实是不能用了什么理论或方法来把它变更的。中产阶级的崩溃没落既是事实，我们虽然自己不情愿，也就无法否认。所谓崩溃或没落，原是就了全生活说的，若限在受教育的方面说，意思就是：诸君现在虽在中学为中学生，前途难免要碰到种种的障碍。不能入大学，不能入高中，或并初中亦不能毕业，也都是很寻常的可能的遭遇，并非什么意外的大不幸。诸君啊，先请把这话牢记在心里。

诸君读了我这番杀风景的议论，也许会突然感到幻灭，要发生绝望的不安了吧。如果如此，那不是我说话不得其法，就是诸君太天真烂漫太未经世故的缘故。我所说的自以为是一种真实，并没有一句是欺骗或恐吓诸君的话。并且，我对诸君说这一番话，目的原不欲漫然把暗云投入诸君的快活的心胸里，在诸君火热的头上浇冷水；乃是想叫诸君张开了眼，认识眼前的事实，更由这认识发出勇敢的新的努力，去适应目前或将来的环境，能在大时代中游泳而不为大时代的怒涛所淹没。

那么怎样好呢？反正能否毕业能否升学都靠不住，就退学吗？或者赶快去别觅可以吃饭的职业吗？诸君的父母家庭，有的为了贪近利，有的为了真是负担不住了，也许早已盼望诸君如此了吧。家庭环境各各不同，原不好一概而论。若就大体说，诸君还是未成年者，在成年以前，最好能受教育，把青年生活好好地正则地度过去。诸君能在中学为中学生是应感谢的幸福，不是可诅咒的恶事。有书可读且读，但读书的态度却须大大地更改。

第一所希望于诸君者，就是要快把从来的"士"的封建观念先行铲除。中国古来封建时代称读书人为"士"，这士的制度已在几千年以前消灭了，而士的虚名仍历代相沿，直至现在，虚名原已不存了，而士的观念仍盘根错节地潜伏在一般人的心中。诸君的父母令诸君入学的动机，诸君自己求学的态度，乃至学校对于诸君的一切教育方法和设施等等，老实说，有许多地方都还是脱不尽这封建思想的腐气的。一般人误信以为在学校毕业了就可得到一种资格，就可靠文凭吃饭，这种迷信，的的确确是因袭的封建的恶根性。中国近十余年来的变乱，原因当然很复杂，但如果全国没有整千整万的毫无实学实力只手捏文凭的冒充的士，来替人摇旗呐喊，来替人造作是非，局面绝不至糟到如此。我常以为中国最要的事情是裁士，而裁兵次之。要化士为工，化士为商，化士为农，化士为兵，除了少数有天分的专事学问的学者外，无一人挂读书人的空招牌，而又无一人不读过书，无一人不随时自己读着书，中国的前途才有希望。

第二所希望于诸君的是养成实力。诸君如果真能把从来以读书为荣的封建观念打破了，就能发见求学的新目标——就是觉悟到为养成实力而求学了。说到现在的学校教育，可指摘的处所实在很多，学校本体，除了到期给诸君以文凭外，能否给诸君以智德体三方面的真实能力，原属一个大大的疑问。如果有人说我这话太轻视了现在的学校与教育者，那么让我来自己招供吧。前面曾说，我是曾做过二十年的中学教师的，自问也不曾撒过滥污，但不敢自信曾有任何实力给予学生过。学校教育的靠不住，原因很多，这里无暇絮说。但无论如何，学校究是为青年而特设的教育机关，从来学校教育的所以力量薄弱，也许由于学生的求学态度的不正。诸君果已自己觉醒，对于学业及生活不再徒讲门面，要求实际，把一切都回向于实力的养成上去，则我可以保证诸君能相当地收得实力的。

了解了以读书为荣的错误，知道了实力的重要，在环境许可的期间，利用诸君的青春去做将来应付新时代的预备。有能力升学出洋固好，即不能升学或毕业，也比较容易以所养成的能力找得相当的职业。中产阶级只管没落，自己能在新兴继起的阶级中做一个立得住站得稳的人，不做新时代的落伍者；这是我所希望于诸君的总归宿。

《圣经》里的先知们，有的警告人说：末日快到了；有的警告人说：天国近了，叫人预备。"山雨欲来风满楼"，中产阶级已岌岌可危了，今后到来的世界从社会全体看来，是天国或是末日，学者之间因了各人的见解，原不一其说。但无论是好是坏，要来的终究要来，所以我们也不得不先有所预备。预备的第一步，就是对于自己所处的地位与时代的觉醒。

中学生诸君啊，记着：我们的地位是中产阶级而时代是一九三零年！

新年之始，乌老鸦似的向诸君唠唠叨叨说了这一大串杀风景的话，抱歉之至！最后当作道歉，让我再来真诚地向诸君祝福吧：

中学生诸君，新年恭喜！

（《中学生》创刊号，一九三〇年一月）

受教育与受教材

自从我在《中学生》创刊号上写了那篇《你须知道自己》以后，就接到了不少的青年的来信。有的自陈家庭苦况，有的问我中学毕业后的方针，有的痛诉所入学校的不良，问题非常繁多，欲一一答复，代谋解决，究不可能。没法，只好就诸信中寻出一个比较共同的问题，来写些个人的意见当作总答。

我在创刊号那篇文字里，曾劝中学生诸君破除徒以读书为荣的"士"的封建观念，养成实力。这次所接到的来信中，差不多都提到这实力养成的问题。关于这，我实感到有答复的责任。至于答复得好与不好，且不去管他。

先试就实力二字加以限制。我的谈话的对手是中学生，所谓实力，当然不是什么财力、权力、武力，也并不是学士或博士的专门学力，乃是普通一般的身心上的能力。例如健康力、想象力、判断力、记忆力、思考力、忍耐力、鉴赏力、道德力、读书力、发表力、社交力等就是。

这种能力，虽是很空洞，很抽象，却是人生一切事业的基础。犹如数学公式中的X，诸君学过数学，当然知道X的性质。X本身并无一定价值，却是一切价值的总摄，只要那公式是对的，无论用什么数目代入X中去都会对。上面的各身心能力，本身原不能换饭吃，成学者，或有功于革命，但如果没有这诸能力，究竟吃不成什么饭，成不了什么学者，或有什么贡献于任何革命事业的。

这身心诸能力，原也可从自然环境或职业部分地获得，例如滨海的住民常善泅泳，当兵的自会富于忍耐力。但人为的有组织的养成机关，不得不推学校教育。所谓教育，就是能力给与的设计。学校就是为施行这设计的而特造的人为的环境。

专门以上的学校为欲使学生直接应世，倾向常偏重于专门的知识技术的传授。专门以下的学校所传授的，不是可以直接应世的知识技术，其任务宁偏重于身心诸能力的养成，愈是低级的学校愈如此。所谓课程也者，无非施行教育作用的一种材料而已。专门以上的课程收得了也许就可应世，就可换饭吃，至于专门以下的学校课程，收得了仍是不能应世，换不来饭吃的。不信，让我举例来说：诸君花了不少的学费，费了不少的光阴，好容易了解了几何中西摩松线的定理或代数中的二项式，记得了蒲公英、鲸鱼的属类与性状，假如初中毕业时成绩第一，但试问这西摩松线的定理和二项式的解答和关于蒲公英、鲸鱼的知识，写出来零折地卖给谁去？怕连一个大钱也不值吧。又假定诸君每日清晨在早操班上"一二三四"地操，一日都不缺课，操得非常纯熟，教师奖誉，体育成绩优等。试问这"一二三四"的举动，他日应起世来，能够和卖拳头的江湖朋友一样收得若干铜子吗？以上不过随举数例，其实诸君所学习着的各科无不皆然。

诸君读到这里也许要感到幻灭了，且慢且慢，西摩松线二项式和蒲公英鲸鱼的知识，虽不能卖钱，但因此而表现的推理力记忆力等等是终身有用的。又，幸而能升学进而求更高深的科学，这些知识当作基础也是有用的。"一二三四"操得好，虽不能变铜子，但由此锻就的好体格，和敏捷、忍耐、有规则等的品性，是将来于任何职业都必要的。"功德不虚"，诸君用几分功，究竟有几分益处在，断不至于落空。

由此可知，中等学校教育的课程，只是一种施行教育的材料，从诸君方面说，是借了这些材料去收得发展身心能力的。诸君在中学校里，目的应是受教育，不应是受教材。重视书册，求教师多发讲义，囫囵吞枣似的但知受教材，不知受教育，究是"买椟还珠"的愚笨办法。

诸君读了我上面的话，如果以为是对的，那么希望诸君注意二事。

第一，要自觉地从各科目摄取身心上的诸能力。我上面所说的话，原只是普通教育上的老生常谈，并非什么新说，照理，教师们都该知道了的。他们应该注意到此，应该利用了教材替诸君养成实力，不应留声机器似的，徒把教本上的事项来一页一页地切卖给诸君。但现在的学校实在太乱杂了，一年之中可换三四个校长，前学期姓张的先生来教诸君的地理，后来归姓胡的教，这学期又换了姓王的。在这样杂乱无序的情形之下，说不定诸君的教师之中没有不胜任的分子。又，教育是教师与学生合作的事，教师虽施着正当的教育，学生如果无接受的热心，也不会有好结果，故诸君须有养成身心诸能力的自觉才好。一个代数方程式，同级的人都能解，你如果解不出，这事本身关系原不大。但在一方面说，就是你的记忆力或思考力不及人，不到水平线，这却是大事。冬天早操屡次赶不上，这事本身原不算得什么有碍，但由此而显现着的你的这惰性，如果不改革，却是足为你终身之累的，无论你将来干什么。

第二，对各科目要普遍地学习。近来中学生之间，常有因浅薄的实用观念或个人的癖好，把学习的科目偏重或鄙弃的事。有的想初中毕业后去考邮局电报局，就专用功英语，由的想成文人，就终日读小说。无论哪一校，数学都被认为最干燥无味，大家对了都要皱眉的科目。体育科，则除了几个选手人员外，差不多无人过问，认为可有可无。图画、音乐等科，也被认为无足重轻的东西。这种倾向由能力养成上看来，真是大大的错误。因了学科的性质，有的须多用些功，有的可少用些功，原是合理的。又，现制中学的高中已行分科制，学生为了将来所认定的方向，学习要偏重些这方面，也是对的。我所指摘的只是普通一般的中学生的对于学科的偏向，尤其是对于初中部的学生。你想毕业后去考邮局或电报局并不是坏事，但除了英语的知识以外，多带些知识趣味去，就是说，在记忆力忍耐力等以外，多养成些别的能力去，不更好吗？你想成文人也好，但多方面的能力修养，将来不会使你的文人资格更完满吗？

中学原只是普通教育，其中的学科都是些人类文化的大略的纲目，换言之，只是一个常识，在综合地养成身心的能力上看来，不消说是好材料。次之，在有升学希望的人，当作预备知识也自有其意义。至于要想单独地拿了一种去换职业，究竟是毫无把握的。将来情形变更也许不能这样断言，至少在现制度是如此。任你怎样地去偏重，结果所偏重的依然无用，而在别的方面却失去了能力养成的普遍的机会，只是自己的损失而已。

一家商店，常有一种东西是值得买，而其余是不值得买的。例如杭州西湖上的菜馆里，醋溜鱼是好的，而挂炉烤鸭就不好，虽然门口也挂着"挂炉烤鸭"的牌子，我们如果要吃醋溜鱼，就到杭州西湖边上去，如果要吃烤鸭，那么上北京菜馆去，不然就会找错了门路。学校犹如商店，在中学校里所可吸收的是普通的身心能力，不是可以直接应世的教材。如果要买应世实用的教材，那么将来进专门大学去，或是现在就进甲种实业去，急于考邮局电报局的，还是进英文夜校去。

中学校的性质如此，是借了教材给与能力的。诸君在中学校里，试自己问问："我在这里受教育呢？还是在这里受教材？"

（《中学生》第四号，一九三〇年四月）

阅读什么^①

中学生诸君：我在这回播音所担任的是中学国语科的节目。国语科有好几个方面，我想对诸君讲的是些关于阅读方面的话。预备分两次讲，一次讲"阅读什么"，一次讲"怎样阅读"。今天先讲"阅读什么"。

让我在未讲到正文以前，先发一句荒唐的议论。我以为书这东西是有消灭的一天的。书只是供给知识的一种工具，供给知识其实并不一定要靠书。试想，人类的历史不知已有多少年，书的历史比较起来是很短很短的。太古的时代并没有书，可是人类也竟能生活下来，他们的知识原不及近代人，却也不能说全没有知识。足见书不是知识的唯一的来源，要得知识并不一定要靠书的了。古代的事，我们只好凭想象来说，或者有些不可靠，再看现在的情形吧。今天的讲演是用无线电播送给诸君听的，假定听的有一万人，如果我讲得好，有益于诸君，那效力就等于一万

_____

① 本文是向全国中学生做的广播稿。

个人各读了一册"读书法"或"读书指导"等类的书了。我们现在除无线电话以外还有电影可以利用，历史上的事件，科学上的制造，如果用电影来演出，功效等于读历史书和科学书。假定有这么一天，无线电话和电影发达得很进步普遍，放送的材料有人好好编制，适于各种人的需要，那么书的用处会逐渐消灭，因为这些利器已可代替书了。我们因了想象知道太古时代没有书，将来也可不必有书，书的需要可以说是一种过渡时代的现象。

今天所讲的题目是"阅读什么"，方才这番议论好象有些荒唐，文不对题。其实我的意思只是想借此破除许多读书的错误观念。我也承认书本在今日还是有用的，我们生存在今日，要求知识，最普通、最经济的方法还是读书。可是一向传下来的读书观念，很有许多是错误的。有些人把读书认为高尚的风雅事情，把书本当作玩好品古董品，好像书这东西是与实际生活无关，读书是实际生活以外的消遣工作。有些人把书认为唯一的求学的工具，以为所谓求知识就是读书的别名，书本以外没有知识的来路。这两种观念都是错误的，犯前一种错误的以一般人为多，犯后一种错误的大概是青年人，尤其是日日手捏书本的中学生诸君。

我以为书只是求知识的工具之一，我们为了要生活，要使生活的技能充实，就得求知识。所谓知识，绝不是什么装饰品，只是用来应付生活、改进生活的技能。譬如说，我们因为要在自然界中生存，要知道利用自然界理解自然界的情形，才去学习物理、化学和算学等科目；我们因为要在这世界上做人，才去学习世界情形，修习世界史和世界地理等科目；我们因为要做现在的中国人民，才去学习本国历史、地理、公民等科目。学习的方法可有各式各样，有时须用实验的方法，有时须用观察的方法，有时须用演习的方法，并不一定都依靠书。只因为书是文字写成的，文字是最便利的东西，可把世间一切的事情、一切的道理都记载出来，印成了书，随时随地可以翻看，所以书就成了求知识的重要的工具，值得大众来阅读了。

以上是我对于书的估价，下面就要讲到今天的题目"阅读什么"了。

青年人应该读些什么书？这是一个从古以来的大问题，对于这问题从古就有许多人发表过许多议论，近十年来这问题也着实热闹，有好几位先生替青年开过书目单，其中比较有名的是梁启超先生和胡适之先生所开的单子。诸君之中想必有许多人见过这些单子的。我今天不想再替诸君另开单子，只想大略地告诉诸君几个着手的方向。

我想把读书和生活两件事联成一气、打成一片来说，在我的见解，读书并不是风雅的勾当，是改进生活、丰富生活的手段，书籍并不是茶余酒后的消遣品，乃是培养生活上知识技能的工具。一个人该读些什么书，看些什么书，要依了他自己的生活来决定、来选择。我主张把阅读的范围，分成三个：（一）是关于自己的职务的，（二）是参考用的，（三）是关于趣味或修养的。举例子来说，做内科医生的，第一应该阅读的是关于内科的书籍杂志，这是关于自己职务的阅读，属于第一类。次之是和自己的职务无直接关系，可以作研究上的参考，使自己的专门知识更丰富确切的书，如因疟疾的研究，而注意到蚊子的种类，便去翻某种生物学书；因了疟蚊的分布，便去翻阅某种地理书；因了某种药物的性质，便去查检某种的植物书、矿物书；因了某一词儿的怀疑，便去翻查某种辞典，这是参考的阅读，属于第二类。再次之这位医生除了医生的职务以外，当然还有趣味或修养的生活，在趣味方面他如果是喜欢下围棋的，不妨看看关于围棋的书，如果是喜欢摄影的，不妨看看关于摄影的书，如果是喜欢文艺的，不妨看看诗歌、小说一类的书，在修养方面，他如果是有志于品性的修炼的，自然会去看名人传记或经典格言等类的书，如果是觉得自己身体非锻炼不可的，自然会去看游泳、运动等类的书。这是趣味或修养方面的阅读，属于第三类。第一类关于职务的书是各人不相同的，银行家所该阅读的书和工程师不同，农业家所该阅读的书和音乐家不同。第二类的参考书，是因了专门业务的研究随时连类牵涉到的，也不能划出一定的种数。至于第三类的关于趣味或修养的书，更该让各个人自由分别选定。总而言之，读书和生活应该有密切的关联。

上面我把阅读的范围分为三个：（一）是关于个人职务的，（二）是参考的，（三）是关于趣味或修养的。下面我将根据了这几个原则对中学生诸君讲"阅读什么"的问题。

先讲关于职务的阅读。诸君的职务是什么呢？诸君是中学生，职务就在学习中学校的各科功课。诸君将来也许会做官吏、做律师、开商店、做教师，各有各的职务吧，现在却都在中学校受着中等教育，把中学校所规定的各种功课，好好学习，就是诸君的职务了。诸君在职务上该阅读的书不是别的，就是学校规定的各种教科书。诸君对于我这番话也许会认为无聊吧，也许有人说，我们每日捧了教科书上课堂、下课堂，本来天天在和教科书作伴侣，何必再要你来嘈杂呢？可是，我说这番话，自信态度是诚恳的。不瞒诸君说，我也曾当过许多年的中学教师，据我所晓得的情形，中学生里面能够好好地阅读教科书的人并不十分多。有些中学生喜欢读小说，随便看杂志，把教科书丢在一边，有些中学生爱读英文或国文，看到理化算学的书就头痛。这显然是一种偏向的坏现象。一般的中学生虽没有这种偏向的情形，也似乎未能充分地利用教科书。教科书专为学习而编，所记载的只是各种学科的大纲，原并不是什么了不得的著作，但对于学习还是有价值的工具。学习一种功课，应该以教科书为基础，再从各方面加以扩充，加以比较、观察、实验、证明等种种切实的功夫，并非胡乱阅读几遍就可了事。举例来说，国语科的读书，通常是用几篇选文编成的，假定一册国文读本共有三十篇文章，你光是把这三十篇文章读过几遍，还是不够，你应该依据了这些文章做种种进一步的学习，如文法上的习惯咧、修辞上的方式咧、断句和分段的式样咧，诸如此类的事项，你都须依据了这些文章来学习，收得扼要的知识才行。仅仅记牢了文章中所记的几个故事或几种议论，不能算学过国语一科的。再举一个例来说，算学教科书里有许多习题，你得一个一个地演习，这些习题，一方面是定理或原则的实际上的应用，一方面是使你对于已经学过的定理或原则更加明了的。例如四则问题有种种花样，龟鹤算咧、时计算咧、父子年岁算咧，你如果只演习了一个个的习题，而不能发现这些习题中的共通的关系或法则，也不好称为已学会了四则。依照这条件来说，阅读教科书并非容易简单的工作了。中学科目有十几门，每门的教科书先该平均地好好阅读，因为学习这些科目是诸君现在的职务。

次之讲到参考书。如果诸君之中有人问我，关于某一科应看些什么参考书？我老实无法回答。我以为参考书的需要因特种的题目而发生，是临时的，不能预先决定。干脆地说，对于第一种职务的书籍阅读得马马虎虎的人，根本没有阅读参考书的必要。要参考，先得有题目，如果心里并无想查究的题目，随便拿一本书来东翻西翻，是毫无意味的傻事，等于在不想查生字的时候去胡乱翻字典。就国语科举例来说，诸君在国语教科书里读到一篇陶潜的《桃花源记》，如果有不曾明白的词儿，得翻辞典，这时辞典（假定是《辞源》）就成了参考书。这篇文章是晋朝人做的，如果诸君觉得和别时代人所写的情味有些两样，要想知道晋代文的情形，就会去翻中国文学史（假定是谢无量编的《中国文学史》），这时文学史就成了诸君的参考书。这篇文章里所写的是一种乌托邦思想，诸君平日因了师友的指教，知道英国有一位名叫马列斯的社会思想家写过一本《理想乡消息》和陶潜所写的性质相近，拿来比较，这时，《理想乡消息》就成了诸君的参考书。这篇文章是属于记叙一类的，诸君如果想明白记叙文的格式，去翻看《记叙文作法》（假定是孙俍工编的），这时《记叙文作法》就成了诸君的参考书。还有，这篇文章的作者叫陶潜，诸君如果想知道他的为人，去翻《晋书·陶潜传》或《陶集》，这时《晋书》或《陶集》就成了诸君的参考书。这许多参考书是因为有了题目才发生的，没有题目，参考无从做起，学校图书室虽藏着许多的书，诸君自己虽买有许多的书，也毫无用处。国语科如此，别的科目也一样。诸君上历史课听教师讲英国的工业革命一课，如果对于这件历史上的事迹发生了兴趣或问题，就自然会请问教师得到许多的参考书，图书馆里藏着的《英国史》，各种经济书类，以及近来杂志上所发表过的和这事有关系的单篇文字，都成了诸君的参考书了。所以，我以为参考书不能预先开单子，只能照了所想参考的题目临时来决定。在到图书馆去寻参考书以前，我们应该先问自己，我所想参考的题目是什么？有了题目，不知道找什么书好，这是可以问教师、问朋友、查书目的，最怕的是连题目都没有。

上面所讲的是关于参考书的话。再其次要讲第三种关于趣味修养的书了。这类的书可以说是和学校功课无关的，不妨全然照了自己的嗜好和需要来选择。一个人的趣味是会变更的，一时喜欢绘画的人，也许不久会喜欢音乐，喜欢文学的人，也许后来会喜欢宗教。至于修养，方面更广，变动的情形更多。在某时候觉得自己身心上的缺点在甲方面，该补充矫正。过了些时，也许会觉得自己身心上的缺点在乙方面，该补充矫正了。这种自然的变更，原不该勉强拘束，最好在某一时期，勿把目标更动。这一星期读陶诗，下一星期读西洋绘画史，趣味就无法涵养了。这一星期读曾国藩家书，下一星期读程、朱语录，修养就难得效果了。所以，我以为这类的书或在同一时期中，种数不必多，选择却要精。选定一二种，须定了时期来好好地读。假定这学期定好了某一种趣味上的书，某一种修养上的书，不妨只管读去，正课以外，有闲暇就读，星期日读，每日功课完毕后读，旅行的时候在车上船上读，逛公园的时候坐在草地上读。如果读到学期完了，还不厌倦，下学期依旧再读，读到厌倦了为止。诸君听了我这番话，也许会骇异吧。我自问不敢欺骗诸君，诸君读这类书，目的不在会考通过，也不在毕业迟早，完全为了自己受用，一种书读一年，读半年，全是诸位的自由，但求有益于自己就是，用不着计较时间的长短。把自己欢喜读的书永久地读，是有意义的。赵普读《论语》，是有名的历史故事，日本有一位文学家名叫坪内逍遥的，新近才死，他活了近八十岁，却读了五十多年的莎士比亚剧本。

我的话已完了。现在来一个结束。我以为：书是供给知识的一种工具，读书是改进生活、丰富生活的手段，该读些什么书要依了生活来决定选择。首先该阅读的是关于职务的书，第二是参考书，第三是关于趣味修养的书。中学生先该把教科书好好地阅读，因为中学生的职务就在学习中学校课程。参考书可因了所要参考的题目去决定，最要紧的是发现题目。至于趣味修养的书可自由选择，种数不必多，选择要精，读到厌倦了才更换。

（《中学生》第六十一期，一九三六年一月）

第四编　见解与主张

怎样阅读①

前天我曾对中学生诸君讲过一次话，题目是《阅读什么》。今天所讲的，可以说是前回的连续题目，是《怎样阅读》。前回讲"阅读什么"，是阅读的种类，今天讲"怎样阅读"，是阅读的方法。

"怎样阅读"和"阅读什么"一样，也是一个老问题，从来已有许多人对于这问题说过种种的话。我今天所讲的也并无前人所没有发表过的新意见、新方法，今天的话是对中学生诸君讲的，我只希望我的话能适合于中学生诸君就是了。

我在前回讲"阅读什么"的时候，曾经把阅读的范围划成三个方面：第一是职务上的书，第二是参考的书，第三是趣味修养的书。中学生的职务在学习中学校的课程，中学校的各科教科书属于第一类；学习功课的时候须有别的书籍作参考，这些参考书属于第二类；在课外选择些合乎自己个人

———————————

① 本文是向全国中学生作的广播稿。

趣味或有关修养的书来阅读，这是第三类。今天讲"怎样阅读"，也仍想依据了这三个方面来说。

先讲第一类关于诸君职务的书，就是教科书。摆在诸君案头的教科书有两种性质可分，一种是有严密的系统的，一种是没有严密的系统的。如算学、理化、地理、历史、植物、动物等科的书，都有一定的章节、一定的前后次序，这是有系统的。如国文读本，如英文读本，就定不出严密的系统，一篇韩愈的《原道》可以收在初中国文第一册，也可以收在高中国文第二册，一篇佛兰克林的传记，可以摆在初中英文第三册，也可以摆在高中英文第二册。诸君如果是对于自己所用着的教科书留心的，想来早已知道这情形。这情形并不是偶然的，可以说和学科的性质有关。有严密的系统的是属于一般的所谓科学，象国文、英文之类是专以语言文字为对象的，除文法、修辞教科书外，一般所谓读本、教本，都是用来作模范作练习的工具的东西。所以本身就没有严密的系统了。教科书既然有这两种分别，阅读的方法就也应该有不同的地方。

如果把阅读分开来说，一般科学的教科书应该偏重于阅，语言文字的教科书应该偏重在读。一般科学的教科书虽也用了文字写着，但我们学习的目标并不在文字上，譬如说，我们学地理、学化学，所当注意的是地理、化学书上所记着的事项本身，这些事项除图表外原用文字记着，但我们不必专从文字上记忆揣摩，只要从文字去求得内容就够了。至于语言文字的学科就不同，我们在国文教科书里读到一篇文章——假定是韩愈的《画记》，这时我们不但该知道韩愈这个人，理解这篇《画记》的内容，还该有别的目标，如文章的结构、词句的式样、描写表现的方法等等，都得加以研究。如果读韩愈的《画记》，只知道当时曾有过这样的画，韩愈曾写过这样的一篇文章，那就等于不曾把这篇文章当作国文功课学习过。我们又在英文教科书里读华盛顿砍樱桃树的故事，目的并不在想知道华盛顿为什么砍樱桃树，砍了樱桃树后来怎样，乃是要把这故事当作学习英文的材料，收得英文上种种的法则。所以阅读两个字不妨分开来用，一般科学的教科书应懂它的内容，不必从文字上去瞎费力，只要好好地阅就行，象国文、英文两门是语言文字的功课，应在形式上多用力，只阅不够，该好好地读。

不论是阅或是读，对于教科书该毫不放松，因为这是正式功课，是诸君职务上的工作。有疑难，得去翻字典；有问题，得去查书。这就是所谓参考了。参考书是为用功的人预备的，因为要参考先得有参考的项目或问题，这些项目或问题，要阅读认真的人才会从各方面发生。这理由我在前回已经讲过，诸君听过的想尚还能记忆，不多说了。现在让我来说些阅读参考书的时候该注意的事情。

第一，我劝诸君暂时认定参考的范围，不要把自己所要参考的项目或问题抛荒。我们查字典，大概把所要查的字或典故查出了就满足，不会再分心在字典上的。可是如果是字典以外的参考书，一不小心，往往有辗转跑远的事情。举例来说，你读《桃花源记》，为了"乌托邦思想"的一个项目，去把马列斯的《理想乡消息》来作参考书读，是对的，但你得暂时记住，你所要参考的是"乌托邦思想"，不是别的项目。你不要因读了马列斯的这部《理想乡消息》就把心分到很远的地方去。马列斯是主张美术的，是社会思想家，你如果不留意，也许会把所读的《桃花源记》忘掉，在社会思想咧、美术咧等等的念头上打圈子，从甲方面转到乙方面，再从乙方面转到丙方面，结果会弄得头脑杂乱无章。我们和朋友谈话的时候，常有把话头远远地扯开去，忘记方才所谈的是什么的。这和因为看参考书把本来的题目抛荒，情形很相象。懂得谈话方法的人，碰到这种情形常会提醒对手把话说回来，回到所要谈的事情上去。看参考书的时候，也该有同样的注意，和自己所想参考的题目无直接关系的方面，不该去多分心。

第二，是劝诸君乘参考之便，留意一般书籍的性质和内容大略。除了查检字典和翻阅杂志上的单篇文字以外，所谓参考书者，普通都是一部一部的独立的书籍。一部书有一部书的性质、内容和组织式样，你为了参考，既有机会去见到某一部书，乘便把这一部书的情形知道一些，是并不费事的。诸君在中学里有种种规定要做的工作，课外读书的时间很少，有些书在常识上、将来应用上却非知道不可，例如，我们在中学校里不读《二十五史》、《十三经》，但《二十五史》、《十三经》是怎样的东西，却是该知道的常识。我们不做基督教徒，不必读圣书，但《新约》和《旧约》的大略内容，却是该知道的常识。如果你读历史课，对于"汉武帝扩展疆土"的题目，想知道得详细一点，去翻《史记》或是《汉书》，这时候你大概会先翻目录吧；你翻目录，一定会见到"本纪"、"列传"、"表"、"志"或"书"等等的名目，这就是《史记》或《汉书》的组织构造。你读了里面的《汉武帝本纪》一篇，或全篇里的几段，再把这些目录看过，在你就算是对于《史记》或《汉书》发生过关系，《史记》、《汉书》是怎样的书，你可懂得大概了。再举一个例来说，你从植物学或动物学教师口头听到"进化论"的话，你如果想对这题目多知道些详细情形，你可到图书馆去找书来看。假定你找到了一本陈兼善著的《进化论纲要》，你可先阅序文，看这部书是讲什么方面的，再查目录，看里面有些什么项目。你目前所参考的也许只是其中的一节或一章，但这全书的概括知识，于你是很有用处的。你能随时留心，一年之中，可以收得许多书籍的概括的大略知识，久而久之，你就知道哪些书里有些什么东西，要查哪些事项，该去找什么书，翻检起来，非常便利。

以上所说的是关于参考书的话。参考书因参考的题目随时决定，阅读参考书的时候，要顾到自己所参考的题目，勿使题目抛荒，还要把那部书的序文、目录留心一下，记个大略情形，预备将来的翻检便利。

以下应该讲的是趣味修养的书，这类的书，我在上回曾经讲过，种数不必多，选择要精。一种书可以只管读，读到厌倦才止。这类的书，也该尽量地利用参考书。例如：你现在正读着杜甫的诗集，那么有时候你得翻翻杜甫的传记、年谱以及别人诗话中对于杜诗的评语等等的书。你如果正读着王阳明的《传习录》，你得翻翻王阳明的集子、他的传记以及后人关于程、朱、陆、王的论争的著作。把自己正在读着的书做中心，再用别的书来做帮助，这样，才能使你读着的书更明白，更切实有味，不至于犯浅陋的毛病。

上面所讲的是三种书的阅读方法。关于阅读两个字的本身，尚有几点想说说。我方才曾把教科书分为两种性质，一种是属于一般的科学的，有严密的系统，一种是属于语言文字的，没有严密的系统。我又曾说过，属于一般科学的该偏重在阅，属于语言文字的，只阅不够，该偏重在读。现在让我再进一步来说，凡是书都是用语言文字写成的，照普通的情形看来，一部书可以含有两种性质：书本身有着内容，内容上自有系统可寻，性质属于一般科学；书是用语言文字写着的，从形式上去推究，就属于语言文字了。一部《史记》，从其内容说是历史，但是也可以选出一篇来当作国文科教材。诸君所用的算学教科书，当然是属于科学一类的，但就语言文字看，也未始不可为写作上的参考模范。算学书里的文章，朴实正确，秩序非常完整，实是学术文的好模样。这样看来，任何书籍都可有两种说法，如果就内容说，只阅可以了，如果当作语言文字来看，那么非读不可。

这次播音，教育部托我担任的是中学国语科的讲话，我把我的讲话限在阅读方面。我所讲的只是一般的阅读情形，并未曾专就国语一科讲话。诸君听了也许会说我的讲话不合教育部所定的范围条件吧。我得声明，我不承认有许多独立存在的所谓国语科的书籍，书籍之中除了极少数的文法、修辞等类以外，都可以是不属于国语科的。我们能说《论语》、《孟子》、《庄子》、《左传》是国语吗？能说《红楼梦》、《水浒》、《三国演义》是国语吗？可是如果从形式上着眼，当作语言文字来研究，那就没有一种不是国语科的材料，不但《论语》、《孟子》、《庄子》、《左传》是国语，《红楼梦》、《水浒》、《三国演义》是国语，诸君的物理教科书、植物教科书也是国语，甚至于张三的卖田契、李四的家信也是国语了。我以为所谓国语科，就是学习语言文字的一种功课；把本来用语言文字写着的东西，当作语言文字来研究、来学习，就是国语科的任务。所以我只讲一般的阅读，不把国语科特别提出。这层要请诸位注意。

把任何的书，从语言文字上着眼去学习研究，这种阅读，可以说是属于国语科的工作。阅读通常可分为两种，一是略读，一是精读。略读的目的在理解，在收得内容；精读的目的在揣摩，在鉴赏。我以为要研究语言文字的法则，该注重于精读。份量不必多，要精细地读，好比临帖，我们临某种帖，目的在笔意相合，写字得它的神气，并不在乎抄录它的文字。假定这部帖里共有一千个字，我们与其每日瞎抄一遍，全体写一千个字，倒不如拣选十个或二十个有变化的有趣味的字，每字好好地临几遍，来得有效。诸君读小说，假定是茅盾的《子夜》，如果当作语言文字学习的话，所当注意的不该但是书里的故事，对于书里面的人物描写、叙事的方法、结构照应以及用辞、造句等等该大加注意，诸君读诗歌，假定是徐志摩的诗集，如果当语言文字学习的话，不但该注意诗里的大意，还该留心它的造句、用韵、音节以及表现、着想、对仗、风格等等的方面。语言文字上的变化技巧，其实并不十分多的，只要能留心，在小部分里也大概可以看得出来。假定一部书有五百页，每一页有一千个字，如果第一页你能看得懂，那么我敢保证，你是能把全书看懂的。因为全书所有的语言文字上的法则在第一页一千字里面大概都已出现。举例来说，文法上的法则，象动词的用法、接续词的用法、形容词的用法、助词的用法以及几种句子的结合法，都已出现在第一页了。我劝诸君能在精读上多用力。

　　为了时间关系，我的话就将结束。我所讲的话，乱杂疏漏的地方自己觉得很多，请诸君代去求教师替我修正。关于中学国语科的阅读，我几年前曾发表过好些意见，所说的话和这回大有些不同。记得有两篇文章，一篇叫作《关于国文的学习》，载在《中学各科学习法》（《开明青年丛书》之一）里，还有一篇叫《国文科课外应读些什么》，载在《读书的艺术》（《中学生杂志丛刊》之一）里，诸君如未曾看到过的，请自己去看看，或者对于我这回的讲话，可以得到一些补充。我这无聊的讲话，费了诸君许多课外的时间，对不起得很。

　　（《中学生》第六十一期，一九三六年一月）

文学的力量

文学的有力量是事实。在几千年前，我们中国就知道拿文学来做移风易俗、改革社会的工具，这用现在的用语来说，就是所谓文艺政策。足见文学的力量，自古就已经大家承认的了。到了现在，因了印刷与交通的进步，识字者的增多，文学的力量愈益加增。我们可以说，文学的力量是非常之大的，只要看《黑奴吁天录》一书使黑奴得到解放，青年人读《少年维特的烦恼》有因而致自杀者，便可以明了。所以文学之有力量已是明白的事实，无须费词。今天所要讲的是以下三点：第一，文学的力量从何而来；第二，文学力量的特点；第三，文学对于读者发生力量需要什么条件。

一、文学的力量从何而来

我以为要讲文学的力量发生，应先讲文学的本身。文学的作品如诗歌小说之类，和"等因奉此"的公文，

"天地玄黄、宇宙洪荒"的千字文性质不同。文学的特性第一是"具象"。我们平常说话不一定是文学的，但如果用文学的方法来说，便成为文学的了。譬如我们说："日子过得很快。"这句话语不足称为文学。如果我们要使它文学化，第一就应当使其能够使人感觉到，即是使其具象化。于是我们便说："流光容易把人抛，红了樱桃，绿了芭蕉。"这样便成为文学的说法了。为什么？因为后边的一句是具象化的："抛"、"红"、"绿"、"樱桃"、"芭蕉"，都是可用感觉机关来捉摸的事象，比"日子过得很快"的说法有声有色得多。再好象我们听见人家说某某地方打仗，死了很多人。这句话当然使我们感动，但若我们果然亲身到了那个地方，眼睛看见累累的尸身，狰狞可怖，那我们所得的印象一定更深了。可见愈具象的事情愈能使人感动。文学的力量也是同样发生的。通常说，中国人胆子小、爱面子、爱虚荣，因为了这些劣根性，于是中国人到处吃亏。但是只讲我们中国人有这些不良的品性，我们听了感动甚少。经鲁迅氏在《阿Q正传》中，假了名叫阿Q的一个人，加以一番具体的描写，便深刻多了。

文学的力量是从"具象"来的，不具象就没有力量。

文学的特性，第二是情绪的。这情绪也是使文学有力的一个条件。大凡告诉人家一件事情使他去做，有好几种的方法，或是用知识，或是诉之于情感。知识能够使人知道"如此这般"，但是很不容易使人实行。如果用情感就不同了。我们用情感使人做一件事，若是能使对方动情，对方自然便去做了。所谓"情不自禁"者，就是指这现象

第四编　见解与主张

的话。文学的作品并不告诉人家如何如何，只把客观的事实具象地写下来，使人自己对之发生一种情绪，取得其预期的效果。

以上是讲文学本身发生力量的缘由。次之，文学的力量还可以从文学作者发生。文学作者的敏感，也是使文学有力量的原因。所谓文学作者，便是那些感情和观察力比较常人来得敏捷的写作的人：普通人看不见的，他们能够看见；普通人感觉不到的，他们感觉得到；普通人想不到的，他们也想得到。因为文学作者对于社会、对于事物的观感，比常人特别强，所以社会有变动时，先觉者往往是文学作者。世间事件所含奥秘，一般人往往不能见到，经文学作者提醒以后，方才注意及之。譬如讲到妇女解放问题，最初发动的是文学作者易卜生，他的名剧《娜拉》便是妇女解放的先声。美洲的黑奴解放，普通人都归功于《黑奴吁天录》一书。因为人生很微细的地方，文学作者都能看得到，因而把他的敏感观察得到的东西发为创作，自然会使人佩服，对读者有力量了。

所以，文学的力量的来源，可以分做两部分，第一从文学本质而来的，由于具象，由于情绪；第二是从文学作者方面来的，便是由于作者的敏感。

二、文学力量的特点

文学的力量是感染的力量，不是教训。教训的力量是带有强迫性的，文学的力量是没有强迫性的，是自由的。

近来常有一种作品，带着浓厚的教训性，露骨地显露着某种的教训。这些作品往往缺乏具象与真实的情绪，与其说是文学作品，不如说是口号的改装。口号是一种号令，具有强烈的强迫性，真正的文学的力量，性质绝非如此。文学并非全没教训，但是文学所含的教训乃系诉之于情感。文学对于世界，显然是负有使命的。文学之收教训的结果，所赖的不是强制力，而是感染力。良师对于子弟，益友对于知己，当施行教训的时候，常极力避用教训的方式，而用感化的方法，结果往往得到更大的功效。文学的力量亦正如此。

三、文学对读者发生力量的条件

文学的力量是不普遍的。文学需要着读者，某作家做了一本小说，如果国内读的人有了一万万，这一万万人也许都受了这本小说的感动，而还有三万万人没读这本小说的，是无法直接感动的。并且，一种文学作品并非对于任何读者都能发生效力。文学作品要对于读者发生效力，其主要条件是作者和读者之间的"共鸣"。作品对于读者有共鸣作用的便有力量，没有共鸣作用便无力量。这共鸣作用因空间时间而不同，因人的思想环境有别而各异。譬如讲失恋故事的作品，在我这个未曾尝过恋爱滋味的人读了，是不甚会发生共鸣的；西洋小说里面讲基督教的部分，在不懂基督教的人看来是不会发生兴趣的。一个作品里所表现的东西常有一般的与特殊的两种，大概描写一般的人性的东西，容易使多数人感动，对多数人发生有力量；至于叙写特殊的境遇的东西，如失恋的痛苦、孤儿的悲哀之类的东西，非孤儿和未曾尝过恋爱的滋味的人看了，感动要比较少。《红楼梦》是一部著名的小说，写林黛玉有许多动人的地方，但是这书在一百年前的闺秀眼中，和在现今的"摩登"小姐眼中，情形便不一样，她们的感受一定不大相同。某种作品有某种读者，《啼笑因缘》的读者和《阿Q正传》的读者，根本上是不同的人。

把上面的话归纳起来，就是：文学是有力量的。文学的力量由具象、情绪和作者的敏感而来；文学的力量，其性质是感染的，不是强迫的；文学作品对于读者发生力量，要以共鸣作用为条件。

（《上海市教育局向无线电广播演讲集》

一九三三年八月三十一日）

与丰子恺论画信

　　子恺：十月廿六日发航空函，收到已一星期。牵于校课，今日始写复信。劳盼望矣。关于绘画拙见，蕴藏已久，前函乘兴漫说，蒙采纳，甚快。委购画帖，便当至坊间一走，购得即寄，乞稍待。鄙意：中国人物画有两种，一是以人物为主的（如仕女、钟进士、佛像等），一是以人物为副的（如山水画中之人物）。前者须有画题，少见有漫然作一人物者，后者只是点缀。其实二者之外，尚有第三种方式，就是背景与人物并重。此种人物，比第一种可潦草些（不必过于讲究面貌与衣褶），比第二种须工整些（眼睛不能只是一点）。第一种人物画，工夫不易，出路亦少（除仕女外，佛像三星而已）。第三种人物画，是有背景之人物，人物与背景工力相等，背景情形颇复杂，山水、竹石、房屋、树木，因了画题一切都有。大致以自然风景为最主要。由此出发，则背景与人物双方并重，将来发为山水，为人物，都极便当。君于漫画已有素养，作风稍变（改外国画风），即可成像样之作品。暂时试以此种画为目标如何？闻画家言，"枯木竹石"，为山水画之初步，亦最难工。人物背景，似宜以"枯木竹石"为学习入手也。将来代选画帖，拟顾到此点。由漫画初改图画，纯粹人物和纯粹山水，一时恐难成就（大幅更甚），如作人物背景并重之画，虽大幅当亦不难。且出路亦大，可悬诸厅堂，不比漫画之仅能作小幅，十九以锌版印刷在书报中也。画佛千幅，志愿殊胜。募缘启事，当代为宣传。仆愿得一地藏像。今夏读地藏本愿经，有感于此菩萨之慈悲，故愿设像供养（尺许小幅），迟早不妨。《续护生画集》已付印，月底可出书。沪地尚可安居，惟物价仍高昂不已。米每石七十余元。青菜一角五至二角。肉二元余。舍下五人每月开销须三百元以上（娘姨已不用）。薪水本来无几，凑以版税，不足则借贷支撑。浙东不通如故，欲归不得。在上海也恐活不下去，只好不去想他，得过且过再说矣。烟、酒、瓶花，结习未除，三者每日约耗一元（一人）。酒每餐饮一玻璃杯，烟已吸至平常不吸之劣牌子，花瓶无一存者，以瓦茶壶插花供案头。菊花已过，水仙新起。此信即在水仙花下写者。率复祝好。丏尊。

十一月十五日夜半（廿九年〔一九四〇〕，子恺注）